主 编 林仁华 张辉灿

分册编著 杜立平 徐邦禹 王先国

U0623095

蒋家"王牌军"覆灭记
孟良崮战役

广西科学技术出版社

图书在版编目（CIP）数据

蒋家"王牌军"覆灭记：孟良崮战役 / 林仁华，张辉灿主编. —南宁：广西科学技术出版社，2012.8（2020.6 重印）
（中外战争传奇丛书）
ISBN 978-7-80666-256-4

Ⅰ. ①蒋… Ⅱ. ①林… ②张… Ⅲ. ①孟良崮战役（1947）—青年读物②孟良崮战役（1947）—少年读物 Ⅳ. ①E297.4-49

中国版本图书馆 CIP 数据核字（2012）第 202355 号

中外战争传奇丛书
蒋家"王牌军"覆灭记
　　——孟良崮战役
林仁华　张辉灿　主编

| 责任编辑 | 赖铭洪 | 封面设计 | 叁壹明道 |
| 责任校对 | 陈业槐 | 责任印制 | 韦文印 |

出　版　人	卢培钊
出版发行	广西科学技术出版社
	（南宁市东葛路 66 号　邮政编码 530023）
印　　刷	永清县晔盛亚胶印有限公司
	（永清县工业区大良村西部　邮政编码 065600）
开　　本	700mm×950mm　1/16
印　　张	12
字　　数	155千字
版　　次	2012 年 8 月第 1 版
印　　次	2020 年 6 月第 5 次印刷
书　　号	ISBN 978-7-80666-256-4
定　　价	23.80 元

主 编 的 话

　　国防教育是建设和巩固国防的基础，是增强民族凝聚力、提高全民素质的重要途径，是直接关系到国家安危和民族兴亡的大问题。我们国家对国防教育都很重视。早在抗日战争时期，毛泽东就把"国防教育"列为"实现坚决抗战的办法"之一。新中国成立后，又提出要在全国人民中间深入进行爱国主义教育和国防教育，号召大家"提高警惕，保卫祖国"。改革开放以来，邓小平同志多次强调要加强对公民特别是青少年进行国防教育，发扬爱国主义精神和革命英雄主义精神。江泽民同志对新形势下的国防教育有过一系列精辟的论述。他深刻指出："只要国家存在，就有国防，国防教育就要长期进行下去，作为公民的终身教育来抓。"他还强调"越是在和平建设时期，越要宣传国防建设的意义，克服和平麻痹思想，增强人民的国防观念"。

　　为加强和普及国防教育，提高全民的国防观念和军事科技素质，2001年4月28日以《中华人民共和国主席令》（第52号）颁布了《中华人民共和国国防教育法》。《中华人民共和国国防教育法》明确规定："学校的国防教育是全民国防教育的基础，是实施素质教育的重要内容"，"小学和初级中学应当将国防教育的内容纳入有关课程，将课堂教学与课外活动相结合，对学生进行国防教育"。"高等学校应当设置适当的国防教育课程，高级中学和相当于高级中学的学校，应当在有关课程中安排专门的国防教育内容，并可以在学生中开展形式多样的国防教育活动"。

为了贯彻执行《中华人民共和国国防教育法》的规定，配合学校开展国防教育，提高学生的国防观念和素质，我们与广西科学技术出版社合作，特约中国军事科学院的十几位专家，编写了这套《中外战争传奇》丛书，陆续向全国发行。

这套丛书，是根据目前我国初中、高中历史课本和语文课本中提到的若干战争、战役，从中选择了一些对历史进程有重大影响的内容编写而成的。

这套丛书，在编写上有它自己的特色，即立意新颖，构思巧妙，选材精当，内容真实，主题明确，条理清晰，语言通俗，形式独特。每本书都以故事命题，由三四十个故事构成，人物和事件结合在一起，图文并茂，约13万字。每本书在前面都有一个内容提要，使读者一目了然地了解一场战争或一个战役的全貌。

在这套丛书的传奇故事中，主要是记述广大军民为谋求人民解放、民族独立、反抗侵略、保家卫国的光辉事迹。既有统帅、名将的高超谋略、英明决策和指挥艺术，又有广大官兵的英勇善战、不怕流血牺牲和积极的献计献策；既有用兵如神、出奇制胜的成功经验，又有一着不慎、满盘皆输的失败教训；既有集中兵力、以众击寡的常规韬略，又有以弱制强、以少胜多的制胜方略；既有屡战屡败、关键一仗取胜而决定战争命运的经验，又有连打胜仗、关键一仗败北而导致全军覆没的教训；既有居安思危、有备无患的经验，又有忘战必危、亡国亡军的教训，等等。这些内容丰富、情节生动、事迹感人、引人入胜的传奇故事，作者以生动、形象的描述，通俗的语言，流畅的文笔整理成书，奉献给读者。这对加强全民国防教育，使读者特别是青少年，增长军事知识，启迪谋略能力，发扬爱国主义精神，增强国防意识和爱军尚武思想，都会有极大的促进作用。

由于我们水平有限，对国防教育的需求了解不足，不当之处，在所难免。敬请读者和专家、学者及时提出批评、指正，以利我们在后续工作中改进。

林仁华　张辉灿

目录
CONTENTS

硝烟散尽看沂蒙

华东野战军司令员陈毅

巍巍沂蒙山，连绵千余里。她是革命的山，是英雄的山。半个世纪前，发生在那里的孟良崮战役，在我军革命战争史上写下了光辉的一页。华东野战军在此全歼蒋家"王牌军"——整编第七十四师，孟良崮也因此而闻名于天下。

孟良崮战役是一次大规模运动战和阵地战相结合的战役，是粉碎国民党军队对山东解放区重点进攻和转变华东战局的关键性一仗，也是解放战争以来华东野战军第一次从正面摆开阵势同强敌进行大规模较量的一仗。这一战役，开创了我军在敌重兵集团密集并进的态势下，从敌阵线中央割歼其进攻主力的范例。

1946年6月底，蒋介石撕毁停战协定，悍然发动全面内战。各解放区军民奋起抗击，至1947年初，经过半年多的艰苦斗争，

华东野战军副司令粟裕

英勇奋战，共歼敌 56 个旅。国民党军队的全面攻势被瓦解，军事斗争的态势向着有利于我军的方面发展。在华东战场上，我军在陈毅、粟裕等指挥下，接连进行了苏中、宿北、鲁南、莱芜等著名战役，取得了歼敌 20 多万人的战绩。蒋介石集团经历了惨痛的失败后，已经逐步失去了全面进攻解放区的能力。蒋介石在总结失败教训时说，"占地愈多，则兵力愈分，反而处处被匪军牵制，成为被动"，"而匪军却时时可以集中兵力，采取主动，在我正面积极活动，将我们各个击破"。因此，蒋介石改变了原来全面进攻的战略方针，由对各解放区的全面进攻改为重点进攻，集中主要力量，重点进攻陕北和山东解放区。

1947 年 5 月上旬，国民党军队在重点进攻陕北的同时，集中了汤恩伯、王敬久和欧震等三个机动兵团，共 24 个整编师（相当于军）60 个旅 45 万多人的兵力，重点进攻山东解放区。华东野战军在给敌人以重创后，主动放弃了一些地区，主力转移至新泰、蒙阴以东地区待机。国民党军队得意忘形，气势汹汹，采取"东压北挤"的战术，以第一、第二兵团北进，第三兵团东压，企图在鲁中山区与我华东野战军主力决战。为防止像以往一样遭我军各个歼灭，蒋军一改惯用的长驱直入、分进合击、乘虚进袭等战法，采取了集中兵力、稳扎稳打、齐头并进、避免突出的作战方针。华东野战军在陈毅、粟裕的领导下，几次寻歼敌军主力未果。他们没有急于迎战，而是根据敌情变化，遵照毛泽东的指示，采取了"持重待机，调动敌人，创造战机，大量歼敌"的方针，率领部队大踏步进退，调动敌人出现失误。

随着华东野战军主力的后撤，蒋介石和他的手下将领们又一次错误地估计了形势。蒋介石扬言："陈毅两战之后，元气大伤，钻进沂蒙山，以山大王战术与我周旋。我们就在沂蒙山区把他一扫而光！"后来的事实证明，等待他们的是陈、粟大军的又一记铁拳。被一扫而光的不是华东野战军主力，而是他们的"五大主力之首"，号称"王牌军"的整编第七十四师。

5月11日，由蒋介石的爱将汤恩伯统率的第一兵团北犯，其辖内整编第七十四师在我军调动下，前进积极，态势比较突出，两翼出现空隙。陈毅、粟裕慧眼识战机，立即定下"从百万军中取上将首级"的战役决心，以虎口拔牙的英雄气魄，采取中央突破、两翼钳击、"猛虎掏心"的战法，围歼该敌于坦埠以南地区。战役的具体部署是：集中第一、第四、第六、第八、第九共五个纵队16个师的兵力组成攻击集团，聚歼蒋军整编第七十四师。同时，集中第二、第三、第七、第十共四个纵队的兵力组成阻援集团，担任牵制和阻援任务。

5月13日夜，我第一、第八纵队，如同两把双刃尖刀，分别从敌整编第七十四师的两翼插入纵深，割裂了该师与其左右

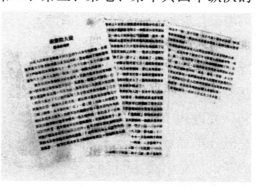

新华社祝贺蒙阴大捷的时评

邻之整编第二十五、第八十三师的联系；我第四、第九纵队亦于 13 日夜从正面猛烈攻击敌人，迫敌寸步难行；预先部署于鲁南的第六纵队于 12 日 16 时奉命飞兵急渡，日夜兼程 120 千米，于 14 日晨抵达垛庄西南 20 多千米处的观上、白埠地区，15 日 3 时突然向垛庄发起攻击，一举攻占了这个战役要点，切断了蒋军整编第七十四师的退路。15 日拂晓，华东野战军攻击集团的五个纵队，完成了对敌整编第七十四师的包围。揳入敌阵的第一、第六、第八纵队与其他部队一起，在形成对整编第七十四师围攻态势的同时，分兵三分之一至三分之二，完成了对企图增援之敌的阻击部署。

华东野战军敢于从敌重兵集团进攻战役的态势中，从密集的阵势中挖出整编第七十四师来打，完全出乎国民党军政领导的意料。该师被围后，蒋介石自恃该师战斗力强，左右又有援兵靠近，认为这正是与华东野战军主力决战的良好机会。因此，一面督令该师坚守，吸引我军；一面急调十个整编师向该地区集结，企图与华东野战军主力决战。

当时，敌十个整编师的增援兵力近者五六千米，远者亦仅 1～2 日行程，情况十分紧急。这种情况下，能否消灭敌整编第七十四师，关键环节有两个，一是围歼部队能否迅速解决战斗，二是阻援力量能否挡住敌之援军。根据战场

粟裕副司令亲临战场，进行实地勘察

形势发展，陈毅同志提出了"歼灭七十四师，活捉张灵甫"的响亮口号。指战员们群情振奋，积极响应陈毅司令员的号召，并提出了"攻上孟良崮，活捉张灵甫""消灭七十四师立大功，红旗插上最高峰"等口号；共产党员们还提出了"立大功，上高峰，共产党员带头冲"的口号，围住了蒋介石的"王牌军"。

5月15日13时，华东野战军发起了对敌整编第七十四师的总攻。五个纵队的各路攻击部队从四面八方扑向敌人，展开了猛烈攻击，势如潮涌。战斗惨烈异常。对此，粟裕同志在回忆录中曾写道："我军为了争夺每一个山头、高地，要从下向上仰攻，每克一点，往往经过数次、十数次的冲锋，反复争夺，直到刺刀见红，其激烈程度，为解放战争以来所少见。"围攻部队浴血奋战的同时，华东野战军阻援部队四个纵队和地方武装，利用野战工事，顽强阻击增援之敌，像一座座铜墙铁壁挡住了敌人一波又一波的冲击。尽管蒋介石调集重兵从三个方向增援，尽管敌整编第二十五师、第八十三师近在咫尺，但在我强大的阻援集团的阻击和钳制下，敌人付出了惨重代价却不能越雷池半步，始终未能与整编第七十四师会合。15日晚，我军把敌人压缩于东西3千米、南北2千米的狭窄山区，16日下午攻占了七十四师占据的所有高地。蒋军"五大主力"之首的整编第七十四师三个旅及整编第八十三师一个团被我军全歼。此役，我军以伤亡12000多人的代价，取得了俘敌19600人、毙伤13000人的辉煌胜利。猖狂一时的蒋军"王牌军"，美械装备的整编第七十四师，仅仅28个小时就被我军全歼，师长张灵甫及副师长蔡仁杰均被我军战士乱枪击毙。

这次战役，彻底粉碎了蒋介石的"鲁中决战"计划，粉碎了国民党军队对山东解放区的重点进攻，极大地震慑了蒋军内部，有力地鼓舞了全国人民的胜利信心，配合了陕北及其他战场的胜利攻势。战役结束后，汤恩伯被撤职，整编第二十五师师长黄百韬、第八十三师师长李天霞等受到处分。

对于整编第七十四师的覆灭，蒋介石痛心疾首，声言"孟良崮的失败，是我军剿匪以来最可痛心、最可惋惜的一件事。必须等到全军一番起死回生的改造之后，乃能作进一步的打算"。此等哀鸣，从另一个方面说明了此役给敌人打击之惨重。而所谓的"起死回生"，则不过是痴人说梦而已，他们永远也没有机会了。

孟良崮战役结束后，当时的《大众报》曾这样比喻蒋介石"重点进攻"的失败，说是"相传有一个愈赌愈输、愈输愈赌的赌棍，输得无计可施时，便忽而换个座位，忽而在骰子上吹口气，忽而又去撒泡尿，结果还是无济于事。蒋介石的忽而'全面进攻'，忽而'重点进攻'，也不过是赌棍的换座位，吹口气，撒泡尿行径。可是败局已定，无论他玩什么花样，都是徒劳无益的了"。

孟良崮战役之后一周年，毛泽东在西柏坡召回前线的战区指挥员粟裕，面授中原大战机宜。谈话间，毛泽东突然微笑着问粟裕："去年，也是在这个气候宜人的 5 月，你们在山东打了一仗……"

"在孟良崮。"粟裕回答。

"战果如何？"

"全歼七十四师，击毙敌酋张灵甫。"

毛泽东含笑鼓掌："你们那样果敢、迅猛地消灭了七十四师，在中国这块土地上，有两个人没想到，一个是……"

粟裕脱口而出："蒋介石。他惊呼'我的精锐之师遭此惨败，实在没想到'。"

毛泽东微微一笑，问："还有一个人呢？"

"陈诚？"粟裕半问半答。

毛泽东摇摇头，说："不足挂齿。"

粟裕又说："何应钦？"

"何足道哉。"毛泽东再次摇头否定。

粟裕还是没能脱离蒋军将领的圈子，猜测着说："白崇禧？"

毛泽东有点不耐烦地说："离题千里了。"

粟裕不再猜测，直接问道："那么，是谁呢？"

毛泽东答："第二个没想到的就是我毛泽东！"

挥师北上占垛庄

5月12日下午4时，一份陈、粟首长签署的十万火急电报送到了六纵队王必成司令员、江渭清政治委员手中。电报中，华野首长命令六纵队立即起程，星夜飞兵，兼程北上，急行军120千米抢占垛庄，切断敌整编第七十四师的退路，参加围歼七十四师的战斗。

得悉老冤家、死对头在华野首长的策划下陷入了我军包围，六纵队广大指战员非常兴奋。自从部队南下以来，他们发了几个月的牢骚，现在终于要扬眉吐气、开怀畅笑了。顷刻间，他们忘记了牢骚和不满，高兴地说：

"把我们放在鲁南，原来是华野首长的一着妙棋。"

"粟副司令员说打七十四师少不了我们六纵，现在果然兑现了。"

原来，六纵队和蒋介石的整编第七十四师曾两度交手。第一次交锋是1946年10月，在涟水城外，六纵队奉命阻击七十四师的猖狂进攻。那一仗打得不错，歼灭七十四师3000多人，自己的损失不大。第二次交锋还是在涟水附近，为钳制敌人，策应宿北战役，六纵队再一次给七十四师以重创，胜利完成了阻击任务。但因为敌我众寡悬殊，战斗打得异常艰苦，消灭七十四师4000多人，六纵队自己也付出了伤亡4000多人的巨大代价。指战员们亲眼看到，许多与自己朝夕相处的战友，在蒋军七十四师的枪炮下倒了下去，一些战友身上永远地留下了与七十四师作战的伤痕。因此，六纵队的指战员们对七十四师格外仇恨。

仇恨还不只缘于此。涟水战役后，蒋介石极力表彰七十四师的"战斗功勋"，并操纵电台、报刊大力宣扬七十四师的"丰功伟绩"，宣称在百战百胜的七十四师面前，共军主力部队不堪一击；七十四师"战果辉煌"，获"空前大捷"，"携连胜雄姿北指"，准备再打"决定性之歼灭战"云云。一时间，七十四师名声大噪，好像真的不可一世了！

六纵队的指战员们愤恨难平，发誓一定要再战七十四师，干净彻底地消灭它。

华东野战军由鲁南向鲁中后撤时，七十四师就跟在六纵队的屁股后面。广大指战员知道七十四师跟上来，无不摩拳擦掌，准备再次与之交手，让全国人民看一看，到底是七十四师百战百胜，还是六纵队的拳头更硬些。

宿北战役以后，华东野战军首长找六纵队宣传部长吴强了解部队情况。吴强汇报说："这一回华野部队打了胜仗，大家高兴，但没能把七十四师吃掉，我们纵队的指战员们仍有点儿气不顺，上上下下都很恼火。"

粟裕告诉他说："转告大家，七十四师跑不掉，张灵甫跑不掉，总是要消灭他们的！这一仗你们能把七十四师挡在六塘河以南，对整个战役的胜利是有功的。当然，你们的损失也不小，需要总结经验教训。打得不痛快，以后还有机会，大家要做好消灭七十四师的准备。"

华东野战军主动后撤，蒋军紧紧追随。4月22日至24日，我军抓住战机，在泰安一带首战告捷，歼灭敌整编第七十二师全部两万余人，生擒中将师长杨文泉，打击了敌人重点进攻的嚣张气焰。此后，敌人的进攻更加谨慎，三个兵团一字排开，步步为营，谁也不敢稍有突出，唯恐被我军吃掉。在这种情况下，我军捕获战机更难了。为了调动敌人，制造战机，华东野战军首长命六纵队与一、三纵队并肩沿津浦路西侧南下，威胁敌人后方，以图迫敌后援，首尾不得相顾。

当华野首长向六纵队司令员王必成明确任务时，王司令员不无顾虑地说："南下是个好主意，我们服从首长的安排。但是，如果以后打七十四师，不要忘了我们，否则部队的士气可

六纵队行进在敌后山区

能会受到影响。"

王必成是华野中有名的一员虎将，六纵队也是一支不认输的部队，这一点华野首长哪能不知道？王司令员提出的问题早在领导们的考虑之中，粟裕立即给了他一个满意的答复："你放心，打七十四师一定少不了你六纵队。到时候你不想打也不行，而且要打就在关键的地方让你打！"有粟裕副司令员的这句话，王必成算是吃了一颗定心丸。

六纵队的指战员们南下途中，经常与蒋介石的整编第七十四师擦肩而过，好像捉迷藏似的。开始时还没什么，大家习以为常，从敌人的部署缝隙中穿来插去。时间久了，与七十四师背道而驰，南北相向而行，相距越来越远，部队中关于能不能参加打七十四师的议论也开始多起来，一些沉不住气的同志说起了怪话。

"不让我们打七十四师了！"

"把我们忘了，把我们扔到鲁南吃闲饭！"

"首长认为我们六纵只能吃豆腐、嚼烂葡萄，啃不了硬骨头！"

王必成司令员没有忘记野战军首长的承诺，凭着他对粟裕首长的了解，相信那决不是一句空话。为此，他组织纵队党委加强了思想政治工作，引导指战员们正确理解华野首长诱敌深入、持重待机的方针。纵队领导不断地向各级干部说明：作战指挥的一条重要原则就是力争主动，力避被动，避敌之长，击敌之短。在敌强我弱的情况下，如果操之过急，分散兵力与敌决战，就有被敌各个击破的危险。我们主动地走，是为了更好地打。至于打七十四师，要相信首长的话，相信一定会给我们打七十四师的机会！我们目前要做的工作是积极调动敌人，积蓄力量，准备与七十四师打一场硬仗、恶仗！

向鲁南挺进的途中，为牵制敌人，也为了改善部队武器装备，六纵队打了几个小仗。到鲁南地区后，为贯彻华野"配合地方武装，打击、牵制敌人，迫敌回师鲁南"的指示，六纵队党委经研究，决定于5月8日晚配合鲁南地方武装，攻击白彦、城前两个敌军据点。战斗打响之后，狡猾的白彦守敌不战而逃，放弃自己的据点跑到了城前据点内，企图在城前据点集中兵力，负隅顽抗。正当六纵队准备集中力量攻歼该敌时，收到了华野发来的敌情通报。

通报称：敌汤恩伯部七十四师等，向蒙阴的坦埠以南大箭、马山、佛山等地进犯，我军四纵、九纵正与之接战中。

根据以往的作战经验，王必成司令员意识到，我军以两个纵队的兵力与敌正面接战，预示着一场大规模围歼战即将展开。联想到粟裕首长的承诺，他感到这次大打，虽然还不知道任务在哪里，但有可能要打七十四师，也就是说很可能要用得上六纵。

为准备接受华野首长交付的更艰巨的任务，纵队党委决定暂停对城前之敌的进攻，将部队隐蔽起来，抓紧时间休整，准备随时接受北上歼敌的任务。六纵队及时隐蔽部队的做法，对后续作战起了重大作用。蒋介石及其军政要人做梦也没有想到，在他们的背后会有一支两万余人的伏兵。这支伏兵一旦出击，将改变整个作战态势，彻底斩断敌人的回归之路。

现在，陈、粟首长调动部队围住整编第七十四师，没有忘记六纵队与张灵甫的夙仇，指战员们要向死对头开刀了，怎能不欣喜若狂……

战士们高兴，纵队领导也高兴。但高兴归高兴，他们可没有忘了完成任务的困难。

当时，六纵队距要赶到的垛庄有120千米，部队要在两昼夜的时间内，完全靠两片脚板，行军100多千米，封闭合围缺口，掐断敌人的咽喉，任务是十分艰巨的。纵队的几个主要领导商量以后，决定以十八师为左翼，十六师为右翼，纵队指挥部率十七师居中，以神速动作立即出发，坚决按时赶到预定地点，切断敌人退路。

为争取时间，纵队领导决定不再留收拢部队的时间，各部队独立行动，尽快出发。为节省时间，纵队首长一面派人通知附近的各师师长、政委到纵队部接受战斗任务，一面派人去距离较远的部队直接传达战斗命令。为完成上级交给的光荣任务，纵队党委号召全体干部、党员积极行动起来，以自觉的先锋模范行动带领全体战士，发扬不怕牺牲，不怕疲劳，不怕艰难困苦的革命精神，以最快的速度向目的地进发。

各师、团接受任务后，也采取了边走边动员的形式。开始时，有些同志不了解部队行军的原因，还在为不打当面的城前之敌发牢骚，说什么"六纵队离开主力成了游而不击的部队"，待知道是要去打七十四师，马上兴奋起来，摩拳擦掌，跃跃欲试。

5月12日黄昏时分，六纵队各师、团已经从各自驻地上路了。从纵队领导到各师、团的领导，都是一边组织急行军，一边研究、谋划着如何完成陈毅、粟裕首长火急电令赋予的紧急任务："六纵回师昼夜兼程，飞兵向东北疾进，限14日夜间占领垛庄，断敌退路，完成战役合围；坚决阻击敌整编第二十五师和整编第八十三师的增援。协同主力围歼整编第七十四师于孟良崮地区。"兵贵神速，六纵队星夜启程向垛庄奔袭！沿途山峦重叠，道路崎岖，部队迈开脚步紧赶。尽管部队采取了一些隐蔽措施，但大部队在敌后行动，还是很快就被敌人发现了。天上，不时有敌机扫射；地下，不时有小股敌人、土匪袭扰。加之六纵队出发仓促，粮草不及准备，困难很多。但是，消灭七十四师的信念支持着广大指战员，部队保持了旺盛的斗志。一路上，干部、战士不断地互相鼓励，相互帮助，让军马、让干粮，帮助他人背背包、扛武器的好人好事比比皆是。

当某部班长吴老黑抢过新战士小王手里的枪时，他的肩上已经是四支枪，背上也已经是两个背包了。小王看着班长的一身"装备"，实在不忍心再把自己的这支枪给班长压上去。

他一瘸一拐地紧走几步，赶上了班长，说："班长，把枪给我吧，你走慢点儿，我能跟上。"

吴班长一听"走慢点儿"的话就急了，第一次对班里的新战士发了火："什么？走慢点儿，你还不如干脆留下呢！"

话说过后，吴班长又有些后悔，感到不应该对新战士用这种态度说话。于是，他又改用温和的态度对小王说："张灵甫要跑时可不会慢点儿！赶不上打七十四师，我们怎么对得起牺牲的老班长和战友们！"

吴班长说的老班长是在涟水阻击七十四师战斗中牺牲的。那一仗他们班打得非常艰苦，到最后撤出来时，只剩了吴老黑和另外两个负伤的同志。战后，这个班虽然得到了补充，但老吴怎么也忘不了牺牲的老班长和战友们。很长一段时间里，他变得异常沉默，本来就不善言谈的他说话更少了，只是暗下决心，一定要在与七十四师的再次交手中多多消灭敌人，为牺牲的战友们报仇。为这事，连队指导员还以为他有什么心事，曾经专门找他谈过心。现在要打七十四师了，吴班长说什么也要赶到前面去，而且要带领全班冲到最前面去。小王不知深浅，竟然说要走慢点儿，这怎么能不让老吴火上心头呢？

　　垛庄能不能攻占得手，是完成对敌七十四师包围，尔后将其彻底歼灭的关键所在。为确保攻坚战斗的成功，六纵队党委决定派有攻坚战斗经验的十八师五十三团担负攻占垛庄的任务。十八师接受任务后，派作风过硬的五十三团四连率先出动，充当此次行动的开路先锋。四连接受任务后，一路上越高山，涉急流，昼夜兼程，途中连野炊做饭的时间都没有，两天时间里，战士们渴了就随便喝上一口河水、池塘水、山涧水，饿了便以地瓜干、花生米充饥。14 日凌晨时分，他们终于提前赶到了预定地区，到达垛庄以南的彭家岚子。

　　四连刚刚到达，就与赶着去救整编第七十四师命的蒋军二十五师先头部队的一个连队迎头遭遇了。狭路相逢勇者胜！四连官兵不顾长途行军的劳顿，呼喊一声就扑了上去，一顿手榴弹和排子枪打得敌人晕头转向，十几分钟便将敌人打垮了。随后，四连指战员一路乘胜穷追猛打，14 日上午，占领了垛庄西南岱山寺西侧的无名高地，为五十三团进攻垛庄抢占了有利地形。

　　14 日下午 5 时，十八师主力部队全部赶到垛庄南和东、西长明一线，查明了垛庄和垛庄附近的敌情，并与左右邻兄弟部队取得了联系。

　　此时，华东野战军第一纵队和第八纵队，正分别从两翼向敌第七十四师纵深突击，试图插入敌人纵深，割裂第七十四师与左右两侧部队的联系；第四纵队、第九纵队从正面给敌第七十四师以迎头痛击，阻止了敌人前进，并从北、东、西三面，构成了围攻态势。十八师稍事停顿，随即展开对垛庄的攻击。

十八师主力部队到达时，垛庄守敌并没有意识到全师被合围的危险，仓皇地窜上了孟良崮，只留下一个多连看守着两座弹药库，替孟良崮的敌人放南面哨。

　　深夜时分，五十三团主攻营胡副营长带着七连向垛庄挺进。机灵鬼一排长应圣才带着一个班不声不响地摸进庄子，先占领了主要街道，封闭了敌人的退路。然而，敌人并没有出现，大家都很吃惊。

　　"敌人到哪里去了？莫不是敌人都跑光了，还是我们中了敌人的圈套？"

　　一排长带领全班继续搜索，走到庄子东北角时，突然传出一声喝问：

　　"哪一个，哪一部分的？"

　　听声音，战士们知道是遇上了敌人的哨兵。"刷"的一声，一排长和战士们都机警地伏了下来。黑暗中，一排长影影绰绰地发现前面有敌人的工事，立即小声对身边的战士说："快去报告副营长，敌人都在这里，带部队过来，别让敌人跑了！"

　　胡副营长带领部队冲了过来，并派出两个班从两翼迂回到敌人后面，堵住了敌人的退路。几分钟后，工事里的敌人双手举枪走了出来。原准备是一场恶仗的垛庄攻坚战，用了不到30分钟就结束了，垛庄守敌一个也没有跑出去。

　　蒋军一兵团司令汤恩伯发觉我军有合围七十四师的意图后，大吃一惊，便亲自打电话给张灵甫，指令七十四师务必派重兵死守垛庄。张灵甫也意识到事态的严重性，指派他的运输团团长带领1000多人从孟良崮上撤了下来，赶赴垛庄加强防务。他哪里知道，此时的垛庄已经在我十八师的牢牢掌握之下。

　　六纵由鲁南奔袭夺占垛庄，是粟裕运用奇兵的一着妙棋，从张灵甫师的背后猛插一刀，对夺取孟良崮战役的胜利起了关键作用！

　　敌人刚进到垛庄附近，就与我五十三团相遇了，我军乘敌运动之际，一个集团军冲锋扑上去，歼敌一部，活捉了敌运输团团长。残敌狼狈逃窜，跑回孟良崮去了。我军乘胜前进，又夺占了垛庄附近的几个要点，与第一、第八纵队打通了联系。至此，蒋军整编第七十四师的最后一条退路被我军截断，陷入了我军五个纵队的包围之中，等待张灵甫他们的只能是覆灭的命运了。

临蒙公路断归途

　　孟良崮西南方向，弯弯曲曲地横卧着一条山间公路——临蒙公路。临蒙公路一端连着蒙阴，一端连接临沂，是孟良崮、芦山地区对外联系的重要交通线。1947 年 5 月，著名的孟良崮战役中，华东野战军为切断七十四师的归路，彻底消灭敌人，曾与蒋军在这里进行过你死我活的较量。

　　临蒙公路中段，与孟良崮遥相呼应，是一线高低起伏的山岭，其中比较高的山岭有柴山、330 高地和 285 高地。这几座小山对公路有很好的瞰制作用。从军事上讲，占领这几座小山，一方面可以切断孟良崮、芦山同蒙阴和临沂的联系；另一方面，也就取得了进攻孟良崮和芦山的立脚点。当蒋家"御林军"整编第七十四师被我军逼向孟良崮、芦山一带时，华东野战军首长指示有关部队，务必切断临蒙公路，关闭包围整编第七十四师的最后门户。用粟裕副司令员的话说，就是要"不放走七十四师的一兵一卒"。

　　攻占柴山制高点是第一仗。5 月 13 日，华东解放军第一纵队某部一营受命攻取临蒙公路东侧的柴山高地，截断蒋军二十五师和七十四师的联系。营长受领完任务，迅速召集各连干部传达任务，研究战法。会上，通过对敌情和地形条件的认真分析，大家最后形成了一致意见：发挥我军善于近战、夜战的优势，于午夜后袭占柴山。具体部署是：一连正面主攻，二连从东北方向迂回，三连作为预备队，随时准备加入战斗。

当日夜，远处不时传来枪炮声，那是我军部队在向孟良崮外围的敌人进攻。

柴山顶上，据守的蒋军唯恐解放军来袭，入夜后一直处于高度戒备状态。子夜时分，敌人见大半夜过去了我军都没有动静，以为当夜可以平安度过，于是大部分入睡了，只留下几名哨兵，在灯光映照下像游魂一般荡来荡去。正当敌人放松警惕的时候，我军的夜老虎们开始行动了。

一连静悄悄地向山上摸去，担任主攻的贾长富排长走在最前面。贾排长率领三班在前，二班和一班在后面不远处跟进。他们快速行进，很快便翻过了一个小山包。在那里，他们没有发现敌人，于是继续向大山前进。走到半山腰时，敌人的一名潜伏哨发现了他们，喝问道：

"哪一个?"

跟在贾排长身边的一名战士脱口回答："一连！你们是哪一连?"

山上的敌人没有搞明白怎么回事，以为是本部的一连退过来了，就回答说："我们是二连。"话刚说完，他又觉得有什么地方不对，于是又问："你们连长是谁?"这回战士们没有回答，而是散开队形加快步伐向山上逼近。

"呼!"山上的敌人开枪了，子弹从战士们头顶上"嗖"的飞了过去。

贾长富他们这时离敌人只有二十几米远，大家见敌人已经

一纵队插入敌后

发现他们，便利用地形隐下身子，手榴弹、排子枪一起向敌人打过去。敌人不知虚实，不敢冒险向下冲，只远远地与贾长富他们对射。双方暂时僵持在那里。

一连从正面向敌人进攻的同时，迂回攻击的二连也从侧面悄悄地摸上了半山腰，三班长金光华带领本班战士走在最前面，排长陈友顺带领另外两个班紧随其后。贾长富他们和敌人交上火时，金班长镇静地说：

"大家别打枪，敌人是朝一连打，没有发现我们，我们快点往上摸！"

山上的敌人真的没有发现侧后迂回上来的二连，所有的火力都向正面射击，只有稀落的几颗飞子儿从陈友顺排战士们的头顶上擦过，落到了远处。战士们没有停顿，加快脚步向山上爬。

在敌人的正面，一连的另两个排也上来了。在连长的指挥下，战士们迅速抢占附近的山头，依托有利地形以更猛烈的火力向山上射击。一连长没有急于让战士们冲锋，他要等一等翼侧迂回攻击的二连。他知道，二连开始攻击时才是他们冲锋的最佳时机。

在一连正面攻击火力的掩护下，翼侧迂回的陈友顺带领战士们快速前进。三班最先摸到了敌人工事围子的外面，战士们已经可以清楚地听见围子里奔跑的脚步声。金班长说声："打！"率先将一颗手榴弹扔了进去。

守在没顶碉堡里的敌人哪里料到背后会来进攻者，听到手榴弹落地还以为有人扔石头呢，刚想骂一句"谁他妈的扔石头"，手榴弹就爆炸了。"轰隆"一声响过，围子里的敌人慌了，大喊大叫着乱跑乱跳。乘着敌人慌乱，三班战斗组长章正甫一手摸上石围子，一手扔手榴弹，随后跃身就跳了进去，其他战士们扔完手榴弹，也紧跟着跳了进去。

二连开始攻击时，一连也发起了冲锋。山顶上的敌人受到我军的两面夹击，慌作一团。我军两个连队的战士合兵一处，很快就把敌人赶下山去，逃得慢点的敌人全部被消灭了。营长来到山上时看了一下时间，从部队向山上进发到夺占柴山制高点，刚好两个小时，我军以两个连的兵力（三连没用上）解决了蒋军二十五师四十旅一二〇团的一个营。

攻占285高地的战斗发生在5月14日中午，华东野战军参战部队是一纵队四团。

四团是一纵队插入敌人心脏的一把锐利的尖刀。清晨，四团连克天马山、蛤蟆崮、界牌敌军，一刀切断了敌二十五师和七十四师20千米的联系，上午10时奉令直取垛庄。四团前卫二连刚挺进至北庄，就接到继续向东，前往临蒙公路堵住敌人归路的紧急任务。为节约时间，连长何忠贤边行军边动员，不断地向大家说明此战的重要意义。就这样，全连战士在长途行军45千米后，又一口气跑过五里路的山岗子，最后到达了面向孟良崮丛山，位于临蒙公路西50米左右的285高地。

乘夜色摸上敌阵的战士们向敌人发起攻击

二连战士们在山下稍作准备，便开始向山上的敌人发起进攻。一班副黄殿银健步如飞，第一个抢上山头。六个敌人迎面而来，见黄殿银一个人冲上来便没有射击，对着黄殿银无耻地叫喊道："同志，你过来吧，我们不打你！"黄殿银没有胆怯，两颗手榴弹扔过去，算是回答了敌人的狂妄。一排长安凤治随后赶上来，又是两颗手榴弹，把敌人的一挺机枪给打哑了。敌人的火力威胁解除了，全连顺利登上了285高地。此时正是上午9时40分。

何连长到达山顶后，迅速对部队进行了部署，准备抗击敌人的反冲锋。这时候，营长的命令到了：

"敌人会疯狂反扑，大家要不惜一切代价守住这个山头，坚守到底！"

乘着敌人没有上来，何连长召开了班、排长紧急会议。明确了上级指示后，他自己首先下决心说："考验我们的时候到了，无论如何我们也要守住山头，死也要把七十四师的归路切断。"副连长随后说："只要我们连长、连副在，这山头就在我们手里！"战斗英雄安凤治排长接着说："对，有我们几个人在，就没有问题!"二排长鹿德山一拍大腿,叫道:"怕什么,上级有决心,我们更有决心,阵地丢不了!"

敌人发动反冲锋了,一群群的敌人沿着公路东边的山沟往285高地移动,就要爬过公路了。连长对安排长说:

"请大家注意隐蔽,敌人不过公路不打,看不准不打,等他们到山脚下往上冲时就集中火力干!"

敌人爬到山脚下时,安排长指挥大家用手榴弹、排子枪、轻机枪,把越过公路的敌人一群一群地消灭了,没有爬回去几个。打垮敌人的一次冲锋后,安排长晃着手榴弹给大家鼓劲:"哈哈!还没过瘾呢这帮家伙就跑啦。同志们把手榴弹掏出来,准备再打!"

一次冲锋不成,敌人又组织了第二次冲锋。敌人这次进攻时不但加强了炮火,还加强了机枪火力。但他们仍然没能攻上二连的阵地,再次扔下一片死尸逃了回去。此后,敌人又连续发动了几次进攻,都被战士们打退了。在打垮了敌人五次冲锋后,战士们的手榴弹打完了,副连长、安排长和一班、四班、五班、机枪班的班长都挂了彩。

敌人又一次发动了进攻,猛烈的炮火压得战士们抬不起头来。敌人越来越近了,子弹狂风暴雨般地在战士身边落下,打得火星飞迸、石片纷飞。何连长脸色铁青,两只眼睛闪也不闪地盯着敌人,看着距离合适了,他对战士们下达了射击命令。战士们瞄准敌人狠狠地射击,机枪手周祥云的火力被敌人两挺轻机枪封锁住,他拖住机枪一滚,换了个位置继续射击敌人。然而,手榴弹没有了,战士们都觉得打得不顺手。眼看敌人快要攻上来了,正当紧急关头,手榴弹送上来了。三班解放战士郭福青扔下手中的破步枪,一连扔出去四五颗手榴弹。一边投弹，还一边勇气百倍地对连长说："有了这东西，敌人别想上来。"敌人果然再次后退了。郭福青看到山脚的一条沟里聚集着一群敌人，就说："连长，我去把他们打跑！"说完就搬起半箱手榴弹，跳出工事向前面跑去。看看距离不远了，他找个位置隐下身子，连续把手榴弹甩向敌人。敌人受不住了，连滚带爬地向后退去。

战斗一次比一次激烈，敌人几次冲上山腰，到达二连前沿阵地，又几次被压了回去。已经不知道是敌人的第几次进攻了，这次敌人终于冲上了二连的阵地，战士们与敌人展开了肉搏战。三个敌人发觉鹿德山是个指挥员，端起刺刀直向鹿排长冲来。说时迟那时快，没等敌人靠近，战士郭漠洲眼明手快，放下眼前的敌人，一个点射放倒了两个扑向排长的敌人，另一个也被鹿排长打死了。又是三个敌人冲上山腰，郭漠洲不慌不忙，一个铁家伙扔过去，敌人连滚带爬地逃下山去。后来，鹿排长被敌人扔上来的手榴弹炸伤了，但他仍然坚持战斗，不久又第二次被炸伤，身上挂彩五处，这才勉强退到后面。

二连拼垮敌人的十几次冲锋后，指挥员只剩下连长一个人了。他坚定地对战士们说道：

"只要还有一个人，就决不能后退半步。我们的血不会白流！"

手榴弹又一次拼光了，敌人仍在往山上爬，并占领了原由我军防守的一个山角。战士们没有一人退缩，搬起山上的石头向敌人猛砸。正在这万分危急的时刻，三连一个班带着几十颗手榴弹赶了过来，友邻营的一个排也赶来了。何连长指挥大家又一次把敌人压了下去。

时间已经是下午4时，五连来接防285高地，英勇顽强的二连以寡敌众，恶战6小时，打垮敌人十多次连续冲锋，始终没有后退半步，完成了艰巨的阻击任务。

当四团一营二连在285高地激烈战斗的时候，在附近的330高地，三营也正进行着顽强的阻击战。蒋家"御林军"以两个营的兵力（后又增加两个营）死啃三营防守的几个山包，东西两座山头尤其是敌我反复争夺的焦点。14日午时至黄昏，三营的勇士们阻击顽敌，绕着这个光秃秃的330高地来回冲杀30多次，山头反复易手达五六次之多。九连在东山头（即330高地制高点）搏战正酣时，八连也投入了战斗，兄弟连队并肩作战，打垮了敌人的多次冲锋。

战斗中，在敌人的连续冲击下，330高地西北侧阵地失守了。一排长何月舟迅速带领二班反击，二班副袁锦康第一个跃上山头，与敌人展开白刃格斗，战士们随后冲上山来，把敌人压下山去。敌人退下山头后，集结在70米外的小寨子里，重新组织冲锋。六〇炮、火箭炮、枪榴弹……暴风骤雨似地向挡在前面的一排阵地上猛轰。

一排三班单独防守一个小山头，小鬼班长陈文涛把战士分成左、中、右三个组抗击敌人。他自己带了两个组在山头右侧阻击敌人。对面小山顶上，敌人刚架上一挺机枪，陈文涛他们就一阵排子枪打过去，敌人站不住脚，翻下山头去了。敌人组织了更猛烈的进攻，战斗过程中，班长、班副与敌人反复冲杀，两人都多处中弹挂彩，不得不退出战斗。老战士姚达三被指定代理指挥，他率领战士们坚持到下午一时光景，周围只剩下了三个同志，但山头仍然在他们的牢牢控制之下。

敌人正面攻击连续受挫后，改变了攻击方向，从左侧向我军阵地迂回攻击。左侧是九连阵地，敌人刚靠近，就被南面山头八连二排的两挺轻机枪侧射火力封杀回去；敌人又从右侧向山腰迂回，在西面一线山坡上又受到排子枪的迎头痛击。敌人停止了前进，组织炮火猛烈轰击，然后乘着我军躲避炮火的机会冲上山来，东西两侧山头我军阵地第四次被敌军抢占。

"坚决夺回山头！"九连政治指导员徐明杰亲率一排反击，战士们在枪林弹雨中勇猛前进，无所畏惧。

枪榴弹射手朱德元充满信心地对班长说："你看着，我要打哪里就打哪里，要空中爆就空中爆，要落地炸就落地炸！"话刚说完，他的小炮弹就在敌人阵地前沿开了花。随着他的射击方向，其他三枝枪榴弹的炮弹也一齐在敌阵地中炸裂。乘着敌人混乱之际，上着闪亮刺刀的步兵，跟着一班副李玉海一个猛扑就扑到了330高地西面的山头。敌人丢下尸首往后垮下去，山头再次回到我们手里。连队宣传员瞿世国与一班副机枪手李兴泰跑得最快，他们冲过第一个山头，到了东面高山的山腰。五个蒋军士兵反身扑过来，他们俩抬枪就射，把一个蒋军士兵的脑袋都给打飞了，其他几个返回身仓促逃走……向九连反扑的敌人又吓逃了。

为了夺路逃命，敌人还在不断地组织反扑，战斗一次比一次激烈，到第四、第五次时，副排长李书保亲自用机枪向敌人一一点射，敌人一个个滚到山沟里。李副排长打得兴起，一边打一边喊道："同志们看到没有，我的机枪打得好不好啊？"一排战士高兴得齐声喝彩："好啊！好啊！大家比一比，看谁杀得敌人多。"因为直起身体射击，李书保的左肩被敌人打中了。挂彩后他没有下去，一直带领部队向敌人射击，直到把敌人的又一次冲锋打垮。

"山头拿下来了，我们要坚决守住，坚持到底！"在他的鼓动下，战士李玉海率领着未负伤的战士上起了刺刀继续战斗。黄昏以后，经过整日恶战的山头开始沉寂下来，双方隔山对峙着。

漆黑的夜。约莫凌晨2时，七连沈指导员带着突击班长吴银摸上山来看地形。指导员笑问吴银："二班长，一连、三连白天在这里打了二三十次反冲锋，你们能打几次？""有一次打一次！"二班长坚定地回答。

为了改善战场态势，七连准备乘夜晚夺回阵地不远处的一个敌占山头。二班借着敌人照明弹的光亮，三个小组成三角队形悄悄地爬向山头。敌人发现了他们，刚喊了一声"哪一个"，走在最前面的孙良安端起轻机枪就打，"哒哒哒"一梭子子弹打过去，紧接着又是一阵手榴弹"轰！轰！轰！"在山顶上炸开，整个小山好像要裂开了一样，黑夜里好像是有几百人同时突上了山头。蒋军摸不清虚实，仓皇向后逃窜，突击班全部突上了山头，后续部队飞快跟进。这个山头也被我军拿下了！

敌人发动了攻击，照明弹乱闪，六〇炮、重机枪一齐向山头轰击。炮火一停，成群的敌人"冲呀！杀呀！"地鼓噪着爬上来，山头上屏息而待的勇士们用手榴弹朝着人声响处投去。整个夜晚，七连连续打垮了敌人的五次冲锋。黎明时，敌人发动的最后一次冲锋也被我军以掷弹筒、枪榴弹、机枪、步枪、手榴弹等火力打了下去。十余个爬上山来的蒋军，被吴银他们的手榴弹打得稀烂。

朝阳照耀下，我兄弟部队的山炮、迫击炮炮弹纷纷在敌人最后困守的圩子内炸开，三营的勇士们随着友邻部队发起冲锋，全部驱走了330高地的残敌，闩紧了芦山、孟良崮通向外面的门户，也为最后攻上孟良崮站稳了脚跟。

ZHONGWAIZHANZHENGCHUANQICONGSHU

晓行夜宿巧迁回

　　为了从密集的敌军长蛇阵中挖出张灵甫的七十四师，同时进一步调动敌人，改变战场态势，在华东野战军陈、粟首长的指挥调度下，野战军第一、第八纵队如两把尖刀般从整编第七十四师两翼的接合处向纵深猛插。5月13日，按照野战军首长的指示，强大的第一纵队和第八纵队开始从密集敌军的夹缝中向敌后挺进。浩浩荡荡的队伍爬高山、穿深谷，走过村庄和沙河，寂静而迅速地行进，向敌后穿插迁回。第六纵队则从鲁南扑向七十四师的背后。

　　六纵队某部指导员韩希梁与连长一道率领部队行动。他们这个连队是重武器连，带着山炮、战防炮、九二式步兵炮、火箭筒，随前卫部队艰难地从一座山爬向另一座山。起初，沿路还不时有群众走上前来，向战士们问寒问暖，送上一些食物和饮水，随着向敌后的深入，群众也就越来越少了。

　　第三天的下午，连队走到一个村边的小树林里，部队在这里隐蔽休息。由于长时间的连续行军，指战员们疲惫不堪，趁着炊事班挖灶做饭的工夫，炮手们倒在地上就入睡了，饲养员给骡马备好草料也很快入睡了。树林里寂静无声，间或能听到敌人的侦察飞机从山顶飞过，并时不时地向着村庄和树林无目的地扫射一番。一阵子弹落在离部队不远的地方，机枪声惊醒了熟睡的官兵。大家知道，敌人并没有发现他们，所以都没有动。几匹刚"参军"不久的骡马受了惊吓，乱跳着嘶鸣一阵。饲养员一边控制牲口，一边小声叫骂着：

"你个死牲口，一点儿素质都没有，乱吵乱闹，头动尾巴摇的，暴露了目标怎么办？"

敌人的飞机飞远了，树林里很快又恢复了寂静。

吃过晚饭，部队又要出发了。老头子——营长是一名参加过十年内战的老红军战士，战士们都喜欢这样称呼他。老头子交代战士们：要走山路了，注意绑好驮架，免得夜间行军路上出麻烦；注意跟上队伍，遇有兄弟部队掉队的人员要收容。

这是一个晴朗的夜晚，一弯明月高挂当空，映着满天的星光。如果不是战争，大家的心情一定会开朗许多。然而现在则不同，敌人就在离部队不远的地方，战斗随时都有可能打响，指战员们没有闲心观赏美景，准备好以后就静悄悄地上路了。

骡马驮着重武器和战士们一起行进。山路狭窄崎岖，路面上布满了弹坑和碎石，那是敌人的飞机轰炸留下的；还有一些沟沟坎坎，那是民兵破道阻截敌人车辆行军留下的。寂静的夜里，人们深一脚浅一脚地快速移动着，不时地有人发出"哎哟"声。那是脚趾撞上了石头，或是不小心掉下了沟坑。有时，会有一两块石头被踢下山路，沿着山坡滚下去，发出由大到小的声响。走过这段崎岖的公路，队伍转向一个谷底，战士们眼前出现了一条宽阔的大路。

老战士们发现这里的村庄有些眼熟，可能是前不久来过的。但那时好像没有这条公路，山谷里应该是几户人家的一个小山村。有人问向导，向导回答说："是的，这条路是蒋军为了从这里向鲁中解放区进攻新修的，几户人家都被逼着搬走了。"

战争在最短的时间里把一切都改变了。

部队继续行进，因为连续多日山地行军，指战员们都非常疲劳。他们的背包越背越重，虽然不断地精简掉一些东西，腿脚的抬动还是越来越感到吃力。许多人腿脚肿痛，脚掌上磨起了水泡，说故事、讲笑话的人越来越少，就是有人讲呀说的，也很少有人爱听爱笑了。

"到什么地方才宿营？"

"情况不明，就地宿营！"

"不是'天亮庄'，就是'日出村'！"

"天为什么老不亮啊？太阳躲起来啦？"

"这叫打仗吗？"

"是脚板跟石头块子战斗！"

华东野战军某部跨过大河，向敌后迂回

……

第二天天将亮时，部队到达了新的宿营地。当饲养员卸下骡马的驮架，给牲口们准备好饲料后，突然变得焦急起来。原来，由于一夜急行军，驮载重炮的骡马有好几匹背上被驮架磨破了，尤其是驮炮身的一匹牲口，背上骆驼似的高高地肿起来。受伤的骡马一点食欲也没有。前面的路还不知道要走多远，没有骡马驮运重武器，怎么走啊？饲养员正为牲口发愁，炊事班发现粮食也不多了，吃饭也快要成了大问题。

队伍已经深入到了敌占区，想找兵站补给是不可能的，找当地群众也不可能。群众在地方政府的号召下进行了最彻底的坚壁清野工作，别说找牲口了，就是想找个向导也很困难。大家都知道，即使是找到个把当地群众也解决不了粮食问题。在蒋军进犯前，群众把所有的粮食都藏起来了，即使剩下一点儿，也早就被进犯的蒋军抢去了。

正当大家一筹莫展的时候，几个留下工作的地方干部不知从什么地方返了回来。他们看到自己的主力部队，像见到久别的亲人一样，把最后的一点粮食搬了出来，并主动提出帮部队解决驮武器的牲口问题。当前的困难终于可以克服了，但以后怎么样，谁也不好预料。

晚饭后，部队又要行军了。利用出发前集合的一点儿时间，连队干部们向大家解释着部队行军的意义和动机。连队中有好些战士是刚解放过来的，他们不知道我军的仗是怎么个打法。几天来的行军，弄得他们一头雾水，不知道部队在做什么，发牢骚的人也多起来了。

韩指导员说："我们解放军之所以能大量歼灭敌人，除了我们是人民的军队，有人民的拥护，有官兵一致的团结之外，一个重要的因素是我们的战略、战术具有高度的机动性。哪里能歼灭敌人就到哪里去打,东边好打到东边,西边好打到西边,白天好打白天打,夜间好打夜间打。因此,为了寻找敌人的弱点和制造有利战机,我们必须不怕走路。"

山里五月的夜晚还很冷,微风吹过,就像初冬的夜一样寒冷刺骨。战士们寂静地行进着,翻过一座山包,又走上了一条大路。深夜12时以后,瞌睡不时地袭扰着困乏的人们。走着走着,人们就不由自主地合上了眼睛。石头把人们绊倒了,全身一阵疼痛,才给疼痛叫醒过来。走不了几步,瞌睡又逼上身来,开始往路边摇晃,旁边的同志们赶紧拉上一把。解放战士王二东一头撞到路边的树上,抬起手摸了一下,懵懵懂懂地又继续向前走去。走着走着,站在那里一动不动了,前面的人已经远离了四五米,他还站在那里,后边的人上来在他背后打了一拳,他这才醒过来。

战士们多么想休息一下呀!能够停下来十分钟也好啊。那样就可以倒下去,或是在麦田边,或是在大路上,背靠背包睡上一刻。那该是人间最大的幸福啦!

不知是谁,在队列里学起了鸡叫,大家都精神了一下。鸡早该叫了,可是一直没有听到鸡叫,不只是今天,深入敌后的几天来一直没有听到。因为,蒋军经过这里时早就扫荡了所有的鸡。

天大亮时,部队又该休息了。战士们习惯于把部队休息的村庄叫做"天亮庄""太阳庄""日出村",因为为了隐蔽行动,多数情况下,只有太阳出来以后,部队才能休息。

5月11日是一个阴雨天,天空昏暗,乌云满天,阴风怒号。在这种天气,敌机不会出来活动。没有敌情威胁,我军照例是不休息的。

狂风中,部队走过了两个村庄。大雨来了,豆大的雨点打在身上、脸上,衣服很快就湿透了。风一吹,人们冷得不停地发抖。狂风暴雨中,人们仍然不停地向前急奔,仿佛是要赶到前面一个没有雨水的地方去。

雨不停地下着,时大时小。地面上的雨水多了,道路开始变得泥泞,在人们急匆匆的脚步下,水花四溅。步枪上滴着水滴,骡马身上滴着水滴,炮身上滴着水滴,人们像是刚从水中跳出来一样,军帽湿透了,衣服湿透了,雨水一直湿到人的皮肤。前面的人滑倒了,后面的还没来得及扶上一把,自己也紧跟着滑了个四脚朝天。爬起来,人们继续走。

太阳西斜时,雨终于停了。部队稍作休息,这次炊事班没有做饭,因为粮食快没有了。而且,大雨刚过,周围的一切都是湿的,也没有办法生火做饭。没有热食,战士们吃点地瓜干,喝两口清水,歇一歇又继续上路了。

夜漆黑一片,伸手不见五指,月亮要等到下半夜才能出来。队伍在黑暗中摸索着前行,战士们不时地用最简洁的话相互提醒:"石头""下坡""骡马注意"。最艰难的上半夜就这样过去了。下半夜有了月亮,路好走一些。可是,也许是上半夜走得太顺利了,问题就出在了月亮出来以后的下半夜。

在一条狭窄的山路上,韩希梁他们与兄弟连队步兵拥挤在一起。路的右侧是高山,左侧是陡峭的崖壁。因为人流过于拥挤,路旁的树枝撞上了驮架,随着一声嘶鸣,驮载炮身的牲口被掀下陡崖。跟着这头牲口的两名战士也跌了下去,骡子和炮身从这两名战士身上翻过去,战士被压得不轻。

宁静的深夜起了骚动,人们哄闹起来,叫喊声、骂娘声夹杂着负伤者的哎哟声响成一片。极度的劳累使得人们的性情变得暴躁，遇事很难平静地去处理。

韩指导员和卫生员迅速赶上去，与战士们一道跳下陡崖，抢救两名负伤的战士。还好，因为两名战士周围有一些大石块，炮身没有完全压上他们的身体，否则怕是要出人命了。大家费了好大的工夫才将牲口和驮架扶正，两名战士也被救上来了，部队继续行军。

清冷的夜里，人们不停地走着，坏腿坏脚而掉队的人越来越多了。没有粮食，饮水也缺乏。战士们饥饿难当时，还可以拿地瓜干和花生米充饥，那群骡马却不知深浅，三天来没有粮食吃，马草也困难，但奇怪的是它们就是不吃地瓜干。

人群中开始有人小声嘀咕："我们要到哪里去消灭敌人呀？"莱芜战役解放参军的原国民党士兵严德化跟着发起了牢骚："我们是不是让敌人包围了，怎么总走个不停呢？"又有一名解放战士说："当兵几年也没有走过这么多的路，比莱芜战役突围时跑得还厉害！"见牢骚声起，连队班排干部和党、团员们赶紧做大家的工作，一名老战士对大家说："同志们不要有意见，据我的经验，快要有大仗打了，而且会是场很精彩的大仗。"

趁着途中休息，韩指导把几个班长叫到一起，告诉大家要注意做好思想工作，说："要相信上级首长，我们跑的路越多，敌人可能犯的错误就越多，敌人是不可能喜欢挨打的，我们必须不停地移动，以调动敌人。"

5月14日，晴空万里，部队停下宿营。人们吃过点儿东西，喝了点热水，很快进入了梦乡。突然，远处响起了一阵阵猛烈的炮弹爆炸声。巨大的声响震醒了熟睡的人们。当大多数人还躺着听动静时，几个刚参军不久的解放战士跳了起来，惊慌地叫喊着:"我们被包围啦,快逃吧!"但他们很快就被老战士们制止了。老战士们说:"炮声是从北方传过来的,听声音离我们还有一段距离,不是冲我们来的。"大家又安静下来。

韩指导员把几个老战士叫到跟前,对大家说:"大家说说看,这是怎么回事?"

一个老战士说:"什么事?好事。"大家正等他接着说下去,他却不言语了。于是,大家转过头去看着韩指导员,大家知道他那里会有答案的。

韩指导员说:"对,可能是好事。北边应该是孟良崮了,据前几天的通报,国民党的七十四师在那里。听炮声也应该是蒋军七十四师发出来的,他们习惯于把山炮当机枪打。听这声音,他们肯定是遇到了麻烦,说不定已经被我军包围了。"

顿了一下,韩指导员接着说:"现在情况还不是十分清楚,大家要注意掌握部队的情况。"说完后就准备让大家回去。人们还没有离开连部,营部通信员跑了过来,通知连队领导去营里开会。大家猜想,真是要有情况了。

会上,老头子对几个连队干部说:"七十四师已经被我军包围了,我们现在的任务,就是要赶过去参加歼灭张灵甫的战斗。"

韩指导员和连长回到连队,把营里会议的内容向大家作了简要传达。战士们一听就高兴了,完全忘记了几天来的行军劳累,纷纷议论起来。性急的战士见有仗要打,一边说着一边已经开始擦拭自己的武器。

部队出发了,以更快的速度向孟良崮逼近。

经过几百里的长途行军,韩指导员带领部队实施迂回进攻,从背后直逼七十四师所在地——孟良崮,堵住了敌人退往临沂的后路。

这时，进攻华东解放区的蒋军主力七十四师，已经被压缩于以孟良崮为中心的几个山头。强大的华东野战军正从四面八方向敌人发起攻击。七十四师的官兵在我军各部队的勇猛攻击下东奔西逃，头上烈日炎炎，地下黑山大石，缺粮断水，陷入了极度的困难和恐惧之中。

15日黄昏，重武器连到达预定位置，炮手们设置好炮兵阵地，完成了射击准备，并且看好了向前转移的预备阵地位置。

夜间，韩指导员的部队和主力一道向敌人发起了猛攻。我军以优势炮火压制敌人。炮弹划破夜空，一群群地飞向敌人阵地。照明弹飞过，把夜空照得如同白昼一般。

蒋军的增援部队赶到了，解放军分配兵力阻击敌人，蒋军五个增援师的兵力被阻止在距孟良崮不远的地方。炮声四起，已经听不出来自哪个方向了。蒋介石派来飞机支援七十四师作战。轰炸机不敢低飞，把巨大的航空炸弹投入山包、村庄、树林。离韩指导员他们的炮阵地不远的山冈上，一颗炸弹落下，巨大的灰色烟柱直冲天空，随后是沉闷的爆炸，爆炸声震得天公发抖，人们的双耳随之嗡嗡作响。

战斗在激烈地进行着，解放军冲向一个个山顶，歼灭负隅顽抗的敌人。战至16日午时，我军控制了孟良崮附近所有的制高点。残余蒋军胆怯怕死，三三两两地四处闪躲，上天无路，入地无门，钻进石头缝里也遭俘获。大批被围者一待解放军冲至跟前，就纷纷跪地投降，举手缴枪，顽抗的残敌最后被解放军全部歼灭。下午，枪炮声渐渐停歇下来。至下午5时，蒋介石嫡系的"五大主力"之首、"王牌军"整编第七十四师被我军全部歼灭，师长张灵甫与其属下近万名官兵一起，葬身于孟良崮，连同打伤、被俘者，是役我军共歼敌3．2万余人。

傍晚时分，枪声已经停了下来，胜利后的战士们正在高高兴兴地打扫战场。正当此时，十余架"吊丧机"（大家喜欢这样讥笑晚到的蒋机）在悲鸣声中盘旋几圈，丢下了大批的伞包。降落伞发着白光，摇摇晃晃地落向大山。那是蒋介石给张灵甫运来的饼干和汽水。可是，如同以往一样，他们又一次来晚了。七十四师这支"王牌军"已经被我军全歼，蒋介石送来的所有"慰劳品"，被解放军如数收到！

战斗结束了，部队的大炮要转向别的村庄休息。沿途，战士们看到一个个敌人据守过的村庄，蒋军为了构筑工事，砍光了村子里所有的树木，在村庄的四周筑起了许多道鹿砦，村边的民房满墙都是挖出来的枪眼。然而，这一切都无济于事，没能挽救他们灭亡的命运。

沿着公路，成百成千的俘虏在解放军战士的押送下被送往后方。这些俘虏的脸色干枯发黑，与战士们胜利后红润的脸膛形成了绝好的对比。虽然我军战士们也已经数天没有吃到油盐，但与这些俘虏比，脸色却好得多。

"给点儿水吧？一山全是黑石头，根本没有水喝。"一名俘虏见韩指导员他们走过，大着胆子向他们要水喝。

韩指导员摘下水壶递过去，那名俘虏接过水壶紧喝几口，抬起头来又说："人渴得要命，粮食还有，就是弄不到水和柴来煮饭。下山来弄水你们就打，一碰到浑汤泥水大家就抢，抢得打起架来。弟兄们都骂师长，师长把三个旅的伙夫、马夫都弄上山来了，所以造成了这个结果。唉！我们早就晓得你们抄到我们屁股后头来了，知道肯定会倒霉的，可不晓得霉刚巧就倒在了我们七十四师头上。"

莱芜解放来的炮手严德化这时不再说"到什么地方去消灭敌人"了，也不再害怕"给敌人包围了"。他对着这个俘虏自豪地说："我们打的什么仗，我们解放军打的是运动战、机动战。你们，我晓得，你们喜欢打挨打仗，以前我也打过挨打仗。我比你们早来两个月，是莱芜解放过来的，将来还会有无数弟兄要来的。你快到这边来吧，这边好，这边不是那边。"

神兵天降黄崖山

看过电影《南征北战》的人，一定不会忘记我军泥腿子赛过敌人车轮子，抢先到达摩天岭的故事。史实中，南征北战中的故事发生在孟良崮战役之前的莱芜战役中。其实，即使是在孟良崮战役中，也有着与电影中争夺摩天岭极其相似的一幕，战斗就发生在这里要讲的黄崖山。

六纵队占领垛庄以后，切断了蒋军整编第七十四师的退路。此时的七十四师已经陷入华东野战军主力五个纵队的四面包围之中。蒋介石一面给张灵甫打气，一面急调十个整编师对我军实施反包围。可是，他面上不急（对外宣称是聚歼华东野战军的好机会）心里急，七十四师如果被歼，那等于是摘了他的心尖子。我华东野战军首长对蒋介石的这一招早有防备，在敌人可能增援的各个方向，准备了强大的阻击力量。第二、第三、第七、第十纵队和鲁南地方武装，

某部向黄崖山急进

分别将敌第五军阻击于莱芜以南；将敌十一师阻击于蒙阴以北；将敌第七军拦阻于孙祖、桃花山一线；将敌二十师、六十四师牵制在青驼寺以南地区。六纵队此时也担当起了阻击敌援军的任务：一是在西南方向，与第一纵队一起阻击黄百韬的整编第二十五师；另一个是在孟良崮的东南方向，与第八纵队一起阻击李天霞的整编第八十三师。这就是说，这时敌军已用十个师（军）的兵力在我四个阻击纵队外围，对我参战部队实施了反包围，最近处敌援军的炮火已能打到我攻击部队。消灭七十四师的孟良崮战役，就是在这种紧急情况下速战速决取胜的。

位于东南方向的敌八十三师，曾多次遭我军重创，师长李天霞与张灵甫素来不和，眼看着七十四师被围，首先想的是自己别搭进去，所以不足为虑。黄百韬的二十五师则不然。李天霞是有名的败战将军，早就不被蒋介石看重，之所以还在任上，只是因为他对蒋介石身边的人实施了猛烈的"银弹"攻击，而这些人又在不断地向蒋介石说着他如何如何忠于党国的好话；黄百韬则不同，他是蒋介石非常器重的人，据说蒋介石此时还有意提拔他。所以，在增援七十四师的战斗中，敌二十五师表现得很积极，在黄百韬的督战下一个劲儿地往前窜。

黄崖山是一座不怎么险峻的大山，相对海拔也不算高。但是，这片山地距孟良崮只有几千米，是敌人通往孟良崮的最后一座天然屏障。一旦敌二十五师越过这座山，经过一片无遮无拦的开阔地，就可以与张灵甫的部队连成一片。正因为如此，六纵队能不能抢占黄崖山，并阻住黄百韬的部队，就直接关系到歼灭七十四师的战役目的的实现。

六纵队指挥员当然懂得黄崖山的战术价值。在攻占垛庄的同时，他们派出了善于打山地阻击战的十六师火速向黄崖山前进，责令他们务必在敌人到达之前占领阵地，并不惜一切代价阻住敌人。十六师首长在部署部队行动的同时，为进一步弄清楚黄崖山地区地形和敌军的部署情况，准备派出得力的侦察力量先行前往。这是一个紧急而艰巨的任务。在确定实施侦察的人选时，首长们想到了齐进虎。齐进虎是师侦察队副队长，曾多次完成过重大侦察任务。

齐进虎听完首长的指示后，像以往一样，没有多说什么，只是干脆地表示："请师首长放心，保证完成任务！"

随后，他与队里的三名侦察兵简单准备了一下，就迅速出发了。他们越过临蒙公路，向芍药山（敌人驻地）接近。到达芍药山附近的张家桥时，敌人哨兵发现了他们。为了完成任务，齐进虎果断命令大家后退，以便从其他方向绕道前进，不曾想又被正南的敌人发觉，只好再次转道。在转移途中，他们发现公路上有一个敌人，行走匆匆，神色慌张，听枪声一响立即伏于道旁水沟中。凭经验，齐进虎觉得这个敌人可能会有些用处，于是蹑手蹑脚地靠了上去。当接近到距离敌人几米远的地方时，突然跃起，提枪向敌人扑去。傻头傻脑的敌人还没有反应过来，就做了齐进虎的俘虏。他做梦也想不到，在他们的严密防护下，解放军的侦察员会插到防线内。当齐进虎从背后抓住他时，他还以为是蒋军的巡逻队，做梦似地说："自己人，我有公事。"说着就把送的文件拿了出来。

齐进虎见敌人是送文件的，自然非常高兴。他下了敌人的武器后，其他三个同志也上来了。大家打开文件一看，原来是敌整编第七十四师所辖的第五十一旅旅长送往其突击大队的文件。齐进虎看出，这份文件上清楚地显示出敌军精锐七十四师的全部兵力部署和进攻计划，并有一张地图清楚地标示着敌军的进攻位置和番号（包括其他蒋军）。他们乐坏了，没想到这次任务这么顺利就完成了。

他们不再向敌后穿插，带着自己的胜利品——俘虏、地图，急速返回，向师首长作了汇报。师首长看完文件和敌军部署图非常满意，根据敌人情况对部队部署进行了重新调整。

当我十六师向黄崖山搜索前进时，敌二十五师一部也正风风火火地向那里赶去，企图抢先占领黄崖山，保障后续部队越过黄崖山，与七十四师建立联系。

5月15日拂晓时分，黄崖山上浓雾弥漫，敌我两军分别从两个方向同时赶到山脚下。我军从西坡向山上冲，敌人从东坡向山上爬。这是一场抢时间、比速度的战斗，更是一场拼体力、比毅力的争杀！

十六师某团三营九连连长翟祖贤率领先头部队最先到达山脚下。一路急行军后，翟连长和战士们的疲惫都清楚地写在脸上，看着浓雾弥漫的高山，他们连停下来喘息一下的时间都没有。为了给战士们鼓劲，翟连长坚定地说：

"同志们，向上冲啊，登上这座山就是胜利！"

话没说完，他已经带头向山上爬去。战士们紧随其后，攀悬崖、跨沟坎、越绝壁。他们知道，此时敌人也正在拼命赶来，所以一路上不敢歇息片刻。快到山顶时，战士们已经能隐约听到山坡另一侧敌人的叫喊声。50米、40米、30米……10米、5米，战士们终于先敌一步到达了山顶。

翟连长登上山头，迅速向另一侧山坡望去。翟连长眼前，敌人黑压压的一大片，在督战队的威吓逼迫下正向山顶逼近，最近处距山顶已经不足30米了。

"把敌人揍回去！"翟连长一声令下率先开了火。后续到达的战士迅速占领有利地形，以迅雷不及掩耳之势对敌人展开了猛烈攻击。步枪、冲锋枪、轻重机枪怒吼着把子弹射向敌人，手榴弹也纷纷在敌群中炸开，打得敌人哭爹喊娘，顾不得背后督战队的威胁，丢下一片死尸，掉头跑下山去了。

翟连长命令战士们快速展开，抓紧时间挖掘工事，准备迎接更加残酷的战斗。此时，后续部队也陆陆续续地上来了。

15日中午，敌二十五师调整部署后，乘我军兵力部署和工事准备还不完备，以两个营的兵力在密集炮火的支援下向我军发起了猛烈攻击。在黄百韬"只准进不准退"的逼令下，敌人用密集的散兵队形，冒死向山上进行集团冲锋。一时间，炮弹落地的爆炸声响成一片，好像机枪射击一样分不出个先后，机枪更是不分点儿地射击着。

十六师占领阵地的部队早已做好了迎击敌人的准备。根据战场准备情况，师首长认为此时不宜死守，只能智取。他们派四十七团接替了四十八团的防务，控制、扼守黄崖山，最先到达的四十八团则隐蔽到敌人上山必经之路的翼侧，准备突然打击敌人。当敌军以两个营的兵力在炮火掩护下向前摸索时，正好暴露在我隐蔽部队的枪口下。我军预伏的部队一声令下，枪声、手榴弹爆炸声连珠炮般响起。敌人还没有回过神儿来，战士们已经挺着明晃晃的刺刀扑了上去，经过一番白刃格斗，敌人纷纷就歼，剩下的连滚带爬地又逃了回去。

随后的时间里，敌人组织的集团冲锋一次紧接一次，但都被英勇的十六师阻击部队挡下了山。

下午，敌人稍作调整，进行了长时间的炮火轰击，我军阵地工事损坏严重，人员也有一定伤亡。炮火过后，敌人以一个团的兵力分成三路，乘机冲了上来，后面还有约一个团的兵力跟进。阻击部队虽然顽强抵抗，但由于伤亡过大，前沿阵地最后还是陷落了。看着倒下去的战友和汹涌着扑上来的敌人，指挥作战的黄祖煌团长又愤怒又着急。如果敌人从这里冲过去，就意味着歼灭七十

老大娘向我军炮兵指示目标

四师的任务将不能完成。必须尽快夺回阵地！考虑到这些，黄团长不再犹豫，果断地指挥预备队的全部兵力一营和特务连出击，迎着敌人冲上去。

敌人又一次被压下山去，我军又收复了失陷的阵地。就这样，敌人冲上来被我军压下去，再冲上来再被压下去。阵地得而复失，失而复得，反复争夺。两昼夜的时间里，部队阻住了敌人的几十次冲锋。

随着时间的推移，阻击部队的作战变得越来越艰难。因为上山时赶得匆忙，战士们没有带足干粮和饮水。两昼夜时间的战斗，战士们据守高山，敌人终日连续攻击，炊事员多次送饭都没能送上去。指战员们一直饿着肚子坚持战斗。饥饿还好忍些，最让战士们受不了的是干渴。山上没有水，只能到山下的井里取水喝。可是山下又没有水桶，只能用从敌人那里缴来的钢盔吊水喝。这样，每次只有几个下山的人能喝足水，而战斗正在进行中，战士们怎么可能大量下山呢？以至于两天后，山上的指战员们一个个渴得口干唇裂，很多同志嘴巴上都起了燎泡。

但是，无论是敌人的疯狂进攻，还是饥饿干渴，都没有湮

灭指战员们旺盛的斗志。不管敌人是正面进攻，还是翼侧迂回，也不管敌人上来一个营还是一个团，每次都是上来的多，下去的少。敌人始终不能越过我军指战员用血肉筑成的钢铁防线。

在我军阻援部队的抗击下，敌二十五师离孟良崮虽然近在咫尺，却始终不能越过我军防线，最后只能眼看着我军对七十四师发动总攻，完全、彻底、干净、利落地歼灭了蒋介石的所谓"王牌军"。当孟良崮方向的枪炮声由密转疏时，黄百韬知道七十四师完了。为防止被解放军转移兵力歼灭，他急忙下令部队后退。黄崖山阻击战以我军的完全胜利而告终。

界牌一线阻敌援

当敌七十四师被我军完全包围之后，陈诚知道事情不大妙，赶紧打电报给七十四师师长张灵甫，给他鼓劲说："只要你再坚守三个钟头，援兵就可以到达。"可是，此后战斗又进行了两天多，张灵甫的部队越打越少，却连个援兵的影子也没等到。这是后话。

七十四师被围，陈诚着急，蒋介石也着了慌。他亲自命令蒋军整编第八十三师、第二十五师、第六十五师、第七师和第四十八师，从东南西北各方向迅速向七十四师靠拢。从15日起，敌八十三师从青驼寺向北增援；敌七军、四十八师自界湖、河阳间向西增援；敌二十五师、六十五师自桃圩、蒙阴向东增援；敌十一师从新泰南下增援。

然而，不管蒋介石派来多少援军，也不管他如何督令部队只准进不准退，在英勇的解放军陈、粟大军的四个纵队和地方武装组成的阻援部队面前，敌人每前进一步都要付出惨重代价，想救出七十四师，根本就是痴心妄想！

14日上午，我一纵队攻占了天马山、界牌等要点，割裂了敌第七十四师与第二十五师的联系。15日晨，敌人的援军整编第二十五师被我一纵队一部阻击在界牌以西一线。为突破我军阵地，敌人用两个营的兵力猛攻我守军。炮声、机枪声响成一片，成群的敌人在督战队的威逼下反复冲锋。然而，他们除了在我军阵地前留下越来越多的死尸外，始终不能越过我军防线。

战斗进行了大半天，敌人没能越过我军防线。下午，在猛烈炮火的掩护下，敌人以一个营的兵力，趁着我阵地上的守军躲避炮火之机，偷偷地摸到了我军阵地前几十米处的柏树林里，尔后突然向我一纵队某部六连阵地发动了攻击。

"敌人离阵地只有五六十米了！"观察员沈芝斗急匆匆地跑来报告连长王勇。

王连长猛地跳出指挥所，向阵地上跑去，没跑几步，就负伤倒下了。连长负伤之后，指导员负起了指挥全连阻击敌人的任务。

这时，六连前沿阵地上只有一个排的兵力，而敌人上来的是整整一个营。敌我力量对比，敌人占有很大的优势。根据战场情况，指导员感到现在完全靠前边的部队可能不行了，他命令通信员把后备部队的五班调上来。

五班长带领全班战士，冒着炮火枪弹迅速赶了上来。这时，敌人的炮火还没有停，炮弹像雨点儿般的砸下来，爆炸声震得人耳朵生痛。五班战士刚上来，就被阵地上浓重的炮烟熏黑了脸。他们顾不得躲避敌人的炮火，端着自己手中的武器拼命地向敌人射击。新战士陈明龙屏住呼吸射击，一口气打倒了四个敌人。看着敌人在自己的枪下丧命，他心底里涌出了杀敌的快感，高兴地边打边大喊大叫："来呀，来呀！叫你们来得快死得快！"

敌人的一个突击班从五班的左面攻上来了。守在那里的四班机枪射手高忆看着敌人来到近前，沉着地扣了一下扳机，哒哒！随着机枪声，冲上来的敌人倒下去两个，其余的见势不妙卧倒不动了。高忆的机枪继续寻找着敌人，当他看到掩护敌人冲锋的机枪后再次扣动了扳机，子弹准确地打在敌人的机枪周围。敌人的机枪手吓破了胆，扔下机枪跑了，其余的敌人也都往回退去。

一颗炮弹打来，四班长董鼎成和三排副刘月江同时被炸伤了。

战士们依托堑壕阻击敌人

战斗中多一个人就多一份力量，他们顾不上对伤口进行简单的包扎，流着血继续坚持战斗。他们知道，如果自己退下去，阵地上少的虽只是他们两个人，但可能会影响战友们的情绪，敌人就可能从这里通过。如果那样，阻击敌人的任务就可能完不成，消灭七十四师的任务也将不能实现。刘排副咬着牙爬来爬去，指挥战士们调整位置射击；董班长因为手部有伤不能射击了，便用带伤的手帮高忆压子弹。高忆看不下去了，对他们说：

"你们下去吧，这里有我们，保证不让敌人通过。"

班长没吱声，刘排副坚决地说："瞄准了打，别管我们！"

他们知道，在这万分紧张的时刻，指挥员是决不能离开阵地的。因此，他们下定了决心：就是死，也不能离开阵地！

血不断地流出来，刘排副伤势过重，头脑昏沉沉的，意识渐渐模糊起来。

在近乎昏迷的状态里，他的脑子里映动着紧张激烈的战斗画面——三年前的一个春天，战斗发生在他家乡附近的一个县城，敌人是日本鬼子的一个中队和汪精卫伪军的两个营。拂晓的时候，部队展开了对敌人的攻击，一直打到天黑，城墙没能爬上去，城墙根却倒下了十来个战友的身躯。他（那时是一个战士）踏着战友们的血迹爬上云梯，手将要攀住城墙垛的时候，云梯突然倒下，他跌了下去，跌到战友们的尸体旁边。他站起来的时候，看到他那时的营长卫国群，像一只松鼠般轻手轻脚地在云梯上跳跃着直往上爬。在城墙垛上，卫国群连续扔出四颗手榴弹，敌人的机关枪停止了嗥叫。接着，卫营长一纵身跳到城里面去了。他听到营长在城墙另一侧大叫了一声："同志们跟我来！"于是，他迅速地爬起来，跳过尸体，照着营长的姿态，敏捷地爬上了云梯。云梯"咯吱咯吱"地叫着，催促他赶快登上城墙。他终于爬了上去，也扔了几个手榴弹，跳下城去。冲锋的号声在黑夜里吼叫起来，战友们纷纷爬上了云梯，攻入县城里面。不久，兄弟营的部队也攻了进来。卫营长在火线上跑来跑去，指挥着队伍向敌人攻击。当他发现一股逃窜的敌人时，抢过一个受了伤的机枪手手里的武器，向敌人不停地扫射，打得敌人纷纷栽倒在一片开阔地上。在战斗临近结束的时候，刘月江押着20多个伪军俘虏走向已被打开的城门口。他看到营长站在城门口的一块石头上，正准备打声招呼。就在这时，敌人的一颗冷弹飞来，击中了营长。他赶紧把俘虏交给别人，奔上去抱住他的营长。他的营长却大声喝令着："不要管我！消灭敌人！"但他还是把受伤的营长背出了城门。在城外的小山坡下面，碰到两个担架员。他把营长交给她们，回身奔向火线的时候，还听到他的营长在不停地叫着："不要管我！消灭敌人！"……他从昏迷中惊醒过来，在他眼前的，不是受伤的营长，而是四班长董鼎成他们。

战斗仍在激烈地进行。

五班的西面，是七班和六班的防守区。七班的机枪被敌人的炮火打坏了，机枪手孙乾贤正替副手包扎伤口，而他自己也是两处负伤，血还在流着。他一边包扎一边对副手说："不要让班长知道，不然我们就打不成了。"两个人打不成机枪，就捡起手榴弹向敌人投掷。突然，又一颗子弹打来，打在孙乾贤的肩膀上。孙乾贤忍不住"哎哟"了一声，班长见他神色不对，忙关心地问："你又负伤了？"他强作轻松地说："没有，是被石头擦破了。"

六班的周训贵边打边观察，见右边七班的机枪不叫了，敌人攻得又特别猛，情况十分紧急，便鼓励大家说："离天黑还有两个小时，敌人不多，我们一定能打垮他们！"刚说完，看见班长负了伤，就站起来要过去替他包扎，结果自己也中了一枪。他发觉自己受了伤，正准备包扎一下，这时敌人的步兵冲锋到了他们扼守着的战壕前面。来不及包扎伤口了，他和班里的其他同志迎着敌人冲了出去。前进了一段之后，战士们停下来射击。周训贵凭借着单人掩体，忍着伤痛，瞄准敌人射击。他看得很清楚，他射出的子弹，穿进了正在他面前奔跑的敌军士兵的腹部。那个士兵的身材很高大，光秃着脑袋，手里拿着一支汤姆式冲锋枪，在中弹之后，还向前跑了四五步。这时候，周训贵的头脑充满了信心："又是一个！"他的心头漾起了一种杀敌的快感。

敌人的冲锋队形是密集的，像是一窝黄蜂，低着头弓着身子往前跑。看样子就知道，这支部队受过最严格的训练，向前跑步冲锋的时候，竟还保持着先后层次，前头的总是跑在前头，后头的总是落在后头。大概是个军官,在周训贵面前150米远的一块大石头后面,不时地冒出头来,举着手里的驳壳枪"砰砰叭叭"地射击,嘴里还大声喊叫:

我军某部占领阵地,准备阻击敌人

"冲!冲上去!不许回头!"在他督战的枪声和喊声逼迫下,蒋军士兵们冲进了几步,又伏下身子,头脸紧紧地贴到地面上,躲避着迎面射来的子弹。一边冲锋,敌人还不时地回过头去,看看后面的人是否跟着冲上来。这样冲锋的阵势和速度,使得周训贵他们能够从容地观察敌人,从敌人人群中选择射击目标。那个军官又把脑袋露到大石头上面来,连续打了十多发子弹,喝令扑在地面上的士兵们爬起身来继续冲锋。周训贵没有让这一眨眼的机会滑过,他对准敌人扣了一下机枪扳机,一粒子弹从枪口飞了出去,大石头后面的那个军官,从此再也没有露出头来。

在连指挥所,蔡指导员忙着指挥人员给各处送弹药。他命令战士高官玉扛一箱弹药快速送到五班阵地去。从连指挥所到五班阵地,这中间要通过五六十米的敌火封锁线。蔡指导员说:"小高,考验你的时候到了,一定要想尽一切办法把弹药送上去,不然前边的阵地就守不住了!"高官玉解下自己身上的全部东西,挟起弹药箱就冲了出去。蔡指导员看着小高跑出去,一路上打了几个趔趄,倒下去再站起来,站起来再倒下去。显然,小高不止一次地受了伤。最后,弹药送到了五班阵地,小高却再也没有回来。

我们的战士都清楚地知道自己的责任，只要还能动，就决不下火线！这是一种什么样的精神？这是一种多么坚强的力量啊！在我们的钢铁战士面前，敌人想打开口子冲过去，简直比登天还难。

　　战斗在这样紧张激烈的状态下又进行了两个多小时，在六连指战员的顽强阻击下，敌人虽打了上千发炮弹，动用了比我防守部队多得多的力量，却始终也没有夺去我们的一寸阵地！太阳西沉时，五连开始出击，六连也派出部分战士跟踪追击。敌人进攻一天没能前进半步。夜晚来临时，反而被我军趁夜出击，赶到了离孟良崮更远的地方。这样一来，蒋军二十五师想帮七十四师解围的梦想，是万万不能实现了。

横刀守卫天马山

5月15日，在我华东野战军的猛烈攻击下，蒋军整编第七十四师死伤惨重，余部龟缩在孟良崮周围窄小的地域内，正进行着临死前的挣扎。此时，蒋介石和陈诚都感到七十四师灭亡的命运已经无法改变了，但他们不甘心就这样丢掉自己的"王牌军"，一再下死命令要求增援部队不惜一切代价赶去解围。

天马山像个大元宝，中间低，两端高，南北向横躺在那里。它的南面，沿临蒙公路连接着垛庄、孟良崮，那里是我军主力围歼蒋军整编第七十四师的主战场；东面山后是阻击部队纵队的指挥所，纵队指挥员在那里运筹帷幄，指挥着纵队指战员从各个方向阻击敌军援兵。天马山阻击战是纵队阻击战的一个组成部分，蒋军整编第二十五师和第六十五师的部队就在这座小山的前面。敌二十五师师长黄百韬等人，在蒋介石和陈诚的督促下拼死想挤过去救援整编第七十四师。然而，解围谈何容易，国民党军队受到我阻援部队的顽强抗击，每前进一步都要以蒋军官兵的尸体铺路。

天马山阻击战打得异常激烈，战斗已经持续了一段时间。正面的敌人集结了一个多旅的兵力向我军某阵地进攻，而我军此时的守卫部队只有一个连和另一个重机枪排。兵力对比敌人占有绝对优势。然而，正是这不足两个连的兵力，横刀立马守卫在这里，挡住了敌军的疯狂进攻。

天马山的两侧山头上，一端是华东野战军一纵队某部的七连和二连一个重机排，另一端山头上守着的是二连的二、三两个排。敌人集中兵力从二连二、三排阵地方向向上攻。二排位于阵地的最前端，15 日的主要战斗就发生在这里。

下午 2 时许，敌人又一次完成了进攻的战斗准备。一阵密集的炮火过后，蒋军大约两个连的兵力越过了离天马山山脚 600 米的沙河，一个营在对岸准备着，作为预备队时刻准备投入战斗。

二排阵地前面有个破碉堡，是前段时间我军把敌人赶出这里时敌人留下来的。碉堡的顶盖已经没有了，墙壁也塌了一大块，只有朝山上的一面还基本完好。四班三挺机枪就布置在那里。四班长把三挺机枪分成了三个组，每组有三个人。班长张华章带一组在右侧，二、三组在他们的左侧。稍后一点，是五班和六班的阵地。

敌人的炮火延伸射击以后，战士们从掩蔽位置迅速回到射击阵位上。这时，敌人已经前进到离他们不足 200 米的地方。战士们从射击孔看出去，满山沟黑压压的一片，都是敌人。距离很近了，已经可以清楚地看到敌人的督战队。督战队走在后边，不停地叫喊着，逼迫着前面的士兵向前冲锋。掷弹筒、六○小炮炮弹的爆炸，打得碉堡周围的山石乱飞；轻重机枪子弹呼呼响，时而发出刺耳的怪叫，落在不知远处的什么地方。

敌人没有发现我军有人守在这个破碉堡里，蠢蠢蠕动着向山上爬。张班长瞪大双眼盯着敌人，60 米、50 米、40 米……敌人越来越近，只有 20 多米了，张班长和战士们已经能清楚地看到敌人的面孔。一个敌军指挥官手里拿着一面小红旗指来指去，像是在调动他的士兵进攻。

"打！"张班长咬着牙从牙缝里蹦出这样一个字。随着他的命令，他自己瞄准拿小红旗的指挥官率先开了火。他清楚地看见，子弹准确地打进了敌军指挥官的胸膛，那名军官惨叫着倒了下去。射手们咬紧牙关，双手紧紧地握住机枪，瞄准敌人狠狠地把子弹扫过去。前面的敌人纷纷倒下，后面的赶紧趴下躲避机枪子弹。张班长做了个手势，战士们随即停止了射击。几分钟后，敌人抬起头四处看看，见没什么动静，又纷纷开始向山上爬。刚走没几步，一阵更加猛烈的弹雨射了过来，敌人顶不住了，向后退去。

就这样，敌人的第一次进攻失败了。

时隔不久，敌人又组织起第二次猛烈的攻击。

这一次，敌人有备而来，六只掷弹筒集中火力对着四班占领的那个破碉堡射击。射孔被敌人的火力封住了，战士们根本没办法射击。张班长拽着机枪从后面的破洞里爬出去，找好地形伏下来，盯着敌人的步兵猛打，一口气发射了700多发子弹，打得枪筒都发红了。另一组的吴公才学着班长的做法，跳出机枪阵地到外面散兵坑里打击敌人。一颗子弹飞过来，他的头部挂彩了，卢生倍过来替他包扎，张友法马上跳过去抓起机枪射击，一面打一面还没忘了安慰吴公才："和敌人打仗，流血也是光荣的。"他打完一梭子弹，挺身换弹匣时肩上也挂了花，卢生倍一边给他包扎，他一边射击着。又一颗子弹打来，击中了他的头部，子弹擦着头皮打过去，一片头发随着血肉飞向远处。这次伤得可不轻。卢生倍给他包扎好，说："你先下去吧，这里交给我们了。"张友法回答："不要紧，我还能坚持，我亲眼看

ZHONGWAIZHANZHENGCHUANQICONGSHU

着被我打倒的敌人有几十个，就是牺牲了也值了，够本了。"

机枪子弹打完了，敌人越来越近。张班长他们每人准备了四五颗手榴弹，准备和敌人拼。吴公才挂彩后也没有下去，这时怕大家手榴弹不够用，一声不响地走到后面去了。大家以为他后退了，可一会儿，他又从后面爬上来，肩上扛着两箱机枪子弹，右手里还抓着三颗手榴弹。张班长他们压上子弹，以更加猛烈的火力射向敌人。

这次敌人没有后退，顶着张班长他们的弹雨还在疯狂地进攻。敌人的子弹、炮弹打得战士们身边的沙石直往上飞。看着敌人越来越近，阵地要守不住了，张班长命令大家边打边后退，向五班和六班的阵地靠拢。

五班的解放战士周祖叶（莱芜战役从国民党军队解放过来参军的）见敌人取三面包围的态势冲上来，便对着大家喊："左中右分开来打，决不能叫敌人上来。"六班立过功的宿北战役解放战士张亚甲一直在用步枪射击，这时觉得步枪打得不过瘾，拎着几颗手榴弹走到四班跟前来打，打完手榴弹又抢过一名机枪手手里的机枪，端起机枪叫喊着挺身站立着向敌人扫射。硝烟中，他挺立的身姿显得格外的雄伟、坚强。

六班长仇化云耳朵给炮弹震聋了，脸上被硝烟熏得活像个黑脸包公，只有两个眼睛和一口牙齿泛着白。他瞄准敌人沉着地射击着，边射击还边叫大家注意节省弹药。他自己使用一支缴获的

战斗间隙，战士们在阵地上休息

汤姆式枪，像是给敌人点名一样，一枪一个响，不急不慌地打着。一会儿，四班的一名机枪手中弹被抬下去了，他拿过机枪来接着打，打完两梭子弹，觉得机枪用子弹太多，又换回他的汤姆式枪来打，可还是觉得不太舒服，最后捡起旁边的一枝步枪来打。这回一枪一个，他觉得每颗子弹都用得物有所值了。

尽管战士们以最猛烈的火力、最准确的射击进行了顽强抗击，但还是因为敌人数量太大、火力太猛，一时难以击退。眼看敌人越来越近，战士们快要支持不住了。关键时刻，副连长带着三排的两个机枪组赶了上来。战士们抖擞精神，把更加密集的子弹射向敌人。敌人开始向后退去，刚走几步，督战队的枪响了，他们又掉头向山上进攻。负责火线抢救的担架队民兵，这时看战士们打得艰苦，情况危急，也放下担架投入了战斗。

敌人终于被压下去了，阵地前留下了敌人的一大片尸体。

这时，二排阵地上没有负伤的战士只有二三个人了，副连长把大家召集到一起，说："现在已经到了消灭七十四师的紧要关头，只要能再打退敌人的一次进攻，我军主力就可以打下孟良崮，全歼七十四师。"战士们坚定地说："副连长放心吧，就是打到最后一个人，我们也不会让敌人从这里逃过去！"

敌人发起了新的进攻，战士们怀着与阵地共存亡的坚定信念，不停地把子弹射向敌人，把手榴弹投向敌人阵地。

当敌人冲到阵地前十几米远时，战士们没有后退，甚至没有人说点什么，只是一边射击一边上好了刺刀，准备和敌人肉搏。正在这时，一阵更密集的弹雨从战士们身后射过来，面前的敌人纷纷倒下，敌人再次后退了。原来，旅首长见敌人攻得凶猛，自己手里又没了预备队，当友邻一支部队经过这里时，就拦了下来，请求他们就地投入阻击敌二十五师的战斗。增援二排的兵力正是友邻的一个排，足足有 30 多人。

新锐力量投入战斗，解了二排的危急，战士们经过了两个多小时的激战，终于可以挺起身子喘口气了。这时，西边天空出现一片晚霞，时间已近黄昏。

孟良崮方向，我军部队还在进行猛烈的攻击，从天马山可以清楚地听到传来的阵阵炮声。

战士们忘记了伤痛和长时间战斗的劳累，一边准备抗击敌人的再次进攻，一边谈笑着七十四师行将被消灭的话题。头部负伤的张友法平躺在地，这时突然侧起身子大骂，说："蒋介石真他妈的不是个东西。"大家正想知道他欲说什么，他却不言语了。吴公才忍不住，就问他。张友法愤愤不平地说："蒋介石不好好反省自己，派人拿走我的一片头发，只想着破坏我军的英雄形象。"大家一听，哈哈哈地都笑了。

此后的时间里，二十五师又发动了数次进攻，都被我英勇的阻击战士打退回去。16 日下午，七十四师彻底被歼灭了。胜利的消息传来，天马山上群情振奋。然而，战斗并没有结束。蒋介石尚不知七十四师全军覆没，仍指令正面二十五师、六十五师拼命进攻。直至下午 5 时，敌人得知七十四师覆灭，害怕步七十四师后尘，被我军分割歼灭，才仓皇退去。

浴血奋战南双泉

1947 年 5 月 14 日，蒋军整编第七十四师陷入我军包围之后，在蒋介石和陈诚的督命下，桂系蒋军第七师一七一旅，在 8 架飞机、6 辆坦克的支援掩护下，向华东野战军某部阵地发起攻击。受阻后，又于 15 日以 10 辆坦克为前导，向南双泉曹埠庄一线解放军阵地进犯。某团奉命在南双泉一线阻击这股敌人。

一阵猛烈的炮火过后，大批蒋军跟随在坦克后面冲了上来，我军指战员奋勇抗击，发挥了手中武器的最大威力。但是，我军没有能有效击毁敌人坦克的武器，敌军坦克冲上了我军阵地。位于西南方向的三营九连阵地被敌人坦克截断了，跟随坦克冲击的敌军士兵源源不断地涌上来，情况万分危急！

"四连、五连出击！"二营营长果断地发出了命令。

战士们闻声跃起，翻过大堤向敌人扑去。四连三排长刚出阵地，迎面一梭子机枪子弹打来，他不幸重伤倒了下去。紧接着，三排副排长也中弹负伤了。连长方玉亭两眼冒火，铁青着脸发出了命令："九班长，你带着部队冲上去！"

九班长许柏华眼见排长、排副都倒下了，心如刀剖，怒火上审，为了负伤和死去的战友们，也为了阻住敌人，全歼蒋军七十四师，他大声喊道："战友倒下了，我们要不要报仇？"战士们齐声应着："杀！杀！杀！……"

"机枪班掩护，八、九班跟我上！"许柏华发出命令，说完便第一个朝敌人扑去。

战士们大喊着"给排长报仇"冲向敌人。这一刻，悲痛化成了无穷的力量，战士们边冲边向敌人射击，面前的敌人纷纷倒下，没死的完全被我军战士的英勇精神吓住了，扔下武器掉头就跑，再也不管受伤的同伙和前面的坦克车了。三排战士在许柏华的带领下，紧紧地追赶敌人，边跑边把复仇的子弹向敌人射过去，他们忘记了距离，忘记了危险，一下子就冲到了敌人腹地。

这时，与三排一起冲锋的一排因伤亡过大没能跟上来，后面的二排也被敌人的火网封住了。冲入敌人腹地的三排孤军深入，陷入了敌人的包围。许柏华想："情况不好，自己牺牲没关系，不能把这一个排带丢啊。"他知道这时不能后退，否则敌人追着打只能招致更大的损失。他略一思索，便指挥同志们迅速就近选择有利地形伏下，并准备好手榴弹。他自己也伏下身子，深吸一口充满了硝烟味的空气，强迫自己镇静下来。他不断地盘算着，打仗光靠狠是不够的，现在最紧要的是想办法顶住敌人的进攻，拖延时间，等待后面的同志们冲上来。想到战士们冲锋时带的弹药不多，他赶紧让同志们趁着敌人还没有开始进攻，就近收拾敌人扔下的武器弹药，准备抗击敌人的进攻。与此同时，他根据地形情况，进一步调整了战士们的位置，使大家更便于阻击敌人……

一会儿，敌人上来了，见我军人数不多，边往跟前逼近边叫嚷着:"捉活的,捉活的……"

许柏华沉默着,战士们在等待着。敌人靠近了,许柏华抬起枪就是一梭子,战士们紧随着也开了火。前面的几个敌人应声倒下,剩下的敌人又急忙退了回去。

敌人见许柏华他们拼死抵抗,不再靠近了,远远的把炮弹、子弹倾泻过来。勇士们周围弹片碎石乱飞,整个山头被震得乱颤,机枪子弹、冲锋枪子弹像泼水一样地泼过来,打得战士们抬不起头来。许柏华想:"现在最重要的是要让大家沉着,再坚持一下天就要黑下来了,那时候就可以想办法了。"想到这里,他大声对战友们说:"注意隐蔽,天就要黑了!"不用做更多的解释,战士们谁都知道天黑意味着什么。我军最善于夜间作战,而蒋军最害怕的也正是黑夜。九班战士梁朝清平日里和班长关系最好,这时见情况危急,为帮助班长鼓舞士气,抢着应道:"班长,你放心吧,我们肯定能坚持下去!"

击退敌人的第二、第三次进攻后,与许柏华一起战斗的战士只剩下十几个人了,而且大部分都或轻或重地挂了花。太阳像有意和战士们过不去一样,缓缓地缓缓地西行,可就是不肯落下去。

终于,天渐渐昏暗了。许柏华举目远望,透过浓烟烈火,看到了落日映出的半边红云。敌人此时似乎也知道了战士们的意图,所以连续发动了几次更猛烈的攻击。然而一次次都被

担架队火线抢救伤员

英勇的战士们击退了，坡地上密密麻麻地排列着敌人的尸体。当敌人最后一次反扑过来时，战士们的手榴弹、子弹都打光了，许柏华的右腿、头部也已经被弹片打伤，三四十个敌人冲到了战士们的跟前。

"跟敌人刺刀见红！"许柏华用最严厉的声音下达了命令。

战士们一跃而起，挺着刺刀向敌人冲去，和敌人展开了残酷的肉搏战。

许柏华带头向前，一连放倒了 3 个敌人，当他正向第 4 个敌人刺去的时候，另一个敌人从侧面扑了上来。千钧一发的时刻，在他身边战斗的梁朝清，撇开正和自己对阵的敌人向扑过来的敌人迎过去。许柏华得救了，可是小战士梁朝清却倒下去了。许班长怒火中烧，刺倒对手后顾不得掉转刺刀，横着枪就向刺倒梁朝清的敌人砸去。敌人的脑袋被砸碎了，红的白的都流了出来，倒下去一命呜呼了。由于用力过猛，许班长手里的枪也碎了，他随手捡起敌人的武器，又冲向后面的敌人。

敌人终于被打退了，很多同志壮烈地牺牲了，许班长也被砍伤了左肩，刺破了左手食指。

天终于完全黑下来了，许柏华带领几名幸存下来的战士向后方大部队所在位置摸去。一路上，许柏华想着牺牲了的战友们，心情十分沉重。杂草间，一只萤火虫飞过。许柏华想："小小的萤火虫也期望着安详的夜晚呀！战友们不就是为了让每个人都生活得安详幸福而牺牲的吗?!"想到这里，他抬起了低着的头，对大家说："同志们，战友们倒下了，可是我们还活着。他们是为了全国人民的解放而献身的，我们应该化悲痛为力量，以更勇敢的行动投入战斗，以实际行动为所有牺牲了的战友们报仇!"

　　第二天，我们的部队向敌人发起了最后进攻，许柏华他们也投入了彻底消灭张灵甫的战斗。在我英勇的解放军猛烈攻击下，敌人溃逃了，嚎叫着倒下去了，被彻底歼灭了。

刀丛扑去争山顶

5月15日，在我强大的华东野战军攻击集团五个纵队的猛烈攻击下，蒋军整编第七十四师被压缩到孟良崮、芦山一带。这时，蒋军的援兵六个师，被我华东野战军强大的阻援集团4个纵队，分别阻击于七十四师的左、右两翼地区，不能前进一步。敌酋张灵甫及其手下官兵感到自己已经离灭亡不远了，但他们不甘心就此被歼，仍然在依托几个山头进行最后的挣扎。15日13时，解放军发起总攻，炮兵以密集的炮火射向敌人据守的520、540、600高地，炮弹准确地落在几个山顶上，蒋军阵地升起巨大的烟柱。敌炮兵只惶恐地还击了三炮，阵地就被解放军的炮火轰烂，从此失去了"发言权"。在炮火的支援掩护下，解放军从四面八方扑向敌人据守的一个个山头。

520高地位于芦山西北方向，是芦山的有力屏障，蒋军两个营的兵力在这里死守待援。15日下午，解放军某部七团受领了攻克520高地的任务，三营担任主攻。三营长是个久经沙场的老兵，作战很讲究战术。关于兵力使用他的原则是"攻击部队不在多而在于精"。根据520高地的地形和敌军防守情况，他认为此战不宜正面强攻，应当派出强有力的部队从侧面迂回，协助其他部队的正面攻击。这个翼侧助攻的任务分配给了九连。

黄昏时分，九连派出两个排向敌人侧后的一个高地迂回。九连二排长刁恒勋率领部队走在最前面，直到山顶附近，敌人仍未发觉。当他们向最高点摸去时，敌军工事里负责警戒的士兵发现了他们，敌哨兵惊慌地问：

"怎么样，共军打上来了吗？"

刁恒勋知道，敌人是把他们当成了后退的蒋军，所以他没有明确答复敌人的问话，只是带着重重的嗓音哼了一声，继续带领大家快速向前走。到距敌不足5米远时，敌人发觉不对，但再想拿枪已经来不及了。刁排长一个箭步冲了上去，左手抓住蒋军面前的那挺轻机枪，右手用枪指住了他。其余的蒋军见势不妙，拔腿就想向山顶跑，后边的战士们迅速打去一排手榴弹，领头的敌人被炸得血肉横飞。敌人不敢跑了，44名蒋军乖乖地当了他们的俘虏。我军占领了翼侧进攻的有利地形。当夜，520高地上的蒋军向九连阵地发动了五次反冲击，但都被打回去了。

主攻连七连从正面进攻，三排长已经爬上了围墙，九班长辛德彬和战士冯元喆从左侧突进去。一个蒋军士兵向辛德彬扑过来，两人几乎同时用刺刀向对方刺去。不料，敌人中途放弃了对刺，一把抓住辛德彬的枪身。辛德彬用力一扭，把刀抽出来，转手结果了这个中途退缩的家伙。

六连与七连并列突击，二班是全

九纵队战士冲向540高地

连的突击班，接受进攻开始的命令时他们刚烧好晚饭，没来得及吃就投入了战斗。

从山脚到山顶大约有七八里路，中间有几段开阔地，被山上敌人的火力严密控制着。临行前，班长周木良发出命令："三组在左，二组在中间，一组在右!"配备好前进队形，周班长就率先扛起两个七八斤一包的炸药包出发了。一路上他始终走在三个突击组的最前面，随他们班行动的排长朱松林紧跟在突击组的后面，指挥全排战斗，一班的一挺机枪在左侧掩护他们前进。

夜很黑，炮弹乱七八糟地爆炸着，两侧敌人打过来的机枪子弹到处乱钻，二班战士们在枪林弹雨中迅速地前进着。每逢照明弹一亮，二班长就叫全班卧倒，他自己则乘着亮光迅速地到前面去侦察前进的道路和地形，然后再回来招呼各个小组，告诉大家从哪里上去，怎么利用地形前进。

战士们利用隐蔽地形弯腰前进，边行进边注意借着闪光看排长班长的指挥手势。手一动大家就迅速伏下，或者是一个跟一个地前进。出发一个多小时，他们已经翻过了好几个山头，逼近到520高地脚下。周班长借着照明弹的闪光观察地形，发现前面山包的右边，有一条小路直通山顶，就想带领大家从那里上去。但仔细一看，发现敌人的机枪向那个方向射击得很猛，显然是用来控制那条小路的。正当他考虑怎么前进的时候，战士罗光德走了上来，说："这里被敌人封锁了，怕不好走，我去左边看看吧!"周班长答应后，他手里扣着两颗手榴弹就出发了。

一会儿，他安全返回，告诉班长左边好通过。班长叫全班休息一下，借着休息时间他小声地对大家说："离敌人已经很近了，大家准备好！你们要喝水的喝口水，手榴弹、子弹都弄好，装具扎好，不要出声。"

为了准确掌握情况，他说完后和排长一起去侦察攻击道路，一路上做了记号，然后再带二班上来继续前进。

一路上很顺利，部队没有受到一点损失，周班长很高兴，对排长说："这样很好，我们走在前面，碰到情况可以及时处理，就是来不及也顶多死我们两个人，部队不受损失。"

临近山顶时，战士们发现上面已经有人占领，就准备一排榴弹打过去，周班长及时制止了大家。有人不解，问："上面有敌人，不打干什么？"

班长周木良是个细心的人，他说："我们摸得这样近，敌人还能一枪不打？可能是自己人，别闹了误会！"罗光德向前一观察，果然是兄弟部队先上来了。

周木良他们从兄弟部队的侧面转过去，准备攻击大山头。行前，周木良把炸药包交给了副班长，说："我在前面走，你在后面督促大家跟上！"说完，他自己边侦察边前进，又走到前面去了。一会儿，他停了下来，等部队赶到后，交代各组长，告诉他们从哪里带大家上去，到哪里停。大家按他的要求行动，动作愈来愈快，全班很快向大山顶扑去。

炮火愈来愈猛，不时有炮弹在大家身边不远处爆炸。一发炮弹打在了二班队形里，幸好大家散得快，只牺牲了一个组长，伤了一个战士。第二组组长周应考当过卫生员，见有人负伤便主动帮那名战士做了包扎，随后又跟上了部队。

"哪个负伤了？""哪个？"班里同志们关心地问着。

"别管了，我已经包扎好了，没什么大事！"周应考低声回答大家。

一路上，班长周木良没有再停顿。借着一颗照明弹升起的机会，他伏下身子，告诉身后的几个组长，左边是什么部队，右边是什么部队，随后又说："大家不要担心，我们不是单独作战。"

天快亮了，敌人的阵地清楚地横在前面，已经不足百米了。敌阵地右侧是山炮工事，距主阵地只有60米光景。周木良他们上好刺刀，扣上榴弹，准备先打掉敌人的炮兵。当他们又向前摸了20米左右时，突然，"哗啦啦啦……"敌人的轻重机枪朝周木良他们一齐开火，又有两个战士负伤了。

激战开始了。周班长让大家利用石缝隐蔽前进，他自己则带着俞良新那个突击组冲到了前面，排长朱松林带领大家紧随其后，战士们边前进边射击、投弹。

冲到距敌人只有20米的地方时，发现前面是一块光秃秃的开阔地，部队很难隐蔽。正在周班长要带领大家冲过去的时候，敌人的一个排在两挺重机枪、三挺轻机枪的掩护下扑了上来，十几支汤姆式枪开路，手榴弹一排排的向战士们隐身的地方压过来。

英雄往往就出在这个时候！

突击组组长俞良新抓起两颗手榴弹，一阵风似的顶着敌人冲了上去！"轰！轰！"两声响过，敌人暂时停止了冲锋。班长趁势把二班撤了下来，把敌人放在了那块光秃秃的高地上。在距那块高地二三十米远的地方，二班战士们寻找石缝隐下身子，用手榴弹和枪弹还击暴露的敌人。

可是，俞良新却没能全身而退，敌人的一颗子弹击中了他的左臂。挂彩后，周应考要给他包扎，他拒绝了，说："我不要紧，先打敌人！"

敌人发现与他们对峙的我军人员不多，调整了一下队形又冲上来，一边冲一边拼命地向二班射击。

眼见敌人就要冲到跟前，二班快要顶不住了。突然，在二班的左侧，一挺机枪开火了（这是一班王兴其的），一阵猛扫，一家伙干掉了七八个敌人。敌人被机枪的密集射击击退了，撤到光秃秃的高地后面，躲进了乱石堆里。

现在，二班跟敌人就隔着二三十米的一块光秃地，敌人不敢上来，大家也冲不过去。

几分钟后，一个排全到了，副连长也赶到了。副连长看到这里的情况，打了几发信号弹请求炮火支援。大家找好地形隐下身子，并简单地用铁锹挖个小坑趴着，不时地向敌人射击，等待着有利时机的出现。

等候炮火的空档儿，副连长为加强火力从友邻部队扛来了一挺机枪，在先前敌人挖好的一个工事里架了起来。10分钟过去了，炮火仍然没有打过来，副连长决定不再等。随着副连长的一声令下，战士们向敌人发动了猛攻。王兴其他们的机枪"哗哗哗"地向敌人猛扫，前面石缝里传来敌人受伤后痛苦的叫喊声。一名敌军指挥官急得高声叫着："你们排长呢？快准备好刺刀、炸弹，冲呀！"蒋军士兵也真会糊弄当官的，一边应着"冲呀"，一边却一个个地顺着石缝往后溜。回答敌人最响亮的还是周木良他们，罗光德喊着："刺刀、炸弹早准备好了，你们这群美国干儿子快点上来吧！"一边喊着一边瞄准敌人射击。

王兴其的机枪紧紧地压制住了阵地上的敌人，二组长周应考、一组长王业田、突击组长俞良新都沉着、镇静地射击着。当敌人打照明弹时，他们就跪起身子观察敌人的阵地，找敌人的机枪射手。亮光一暗，不等敌人的机枪开口，他们就一齐打过去。敌人气急败坏，小炮、掷弹筒一齐往他们这边打过来，轻重机枪子弹也下雨一样地落下来。但敌人不敢露头观察，同志们又都找好了隐蔽地，所以敌人的射击效果很差。

敌人的一阵炮火从远处打过来，战士们周围都是黑烟、白烟，这次战士们损失不小。周汉泉同志被炮弹打伤了，周进禄负伤了，郑福元负伤了，排长也负伤了！

这时候，两侧山头的兄弟部队被敌人的火力压得开始往下撤，二班变成了刺出去的一枚钉子。敌人的火力更加疯狂了，山头上的敌人又想冲下来，三班在后面用火力支援二班，王兴其的机枪只剩下 100 多发子弹，他还在不停地打着："打！打！就在这里打光吧。"可是，并不是所有的战士都能沉得住气，见两侧部队后撤，一个不知名的战士有点慌了，叫喊着："后面部队没有了！我们也撤吧！"

二班长周木良的声音响起来："牺牲就牺牲，有什么了不起，我们偏就不撤！"

敌人真的冲下来了！汤姆式枪的子弹急雨一般擦过战士们头顶，成堆的榴弹在大家身后爆炸！

俞良新先火了："妈的！看你有多顽固，我就不相信。"说完提了两颗手榴弹直立着身子冲出去。"低些！低些！"班长没能喊住他，也脚跟脚地一起冲了上去。周木良冲出去时也是直立着身子。一个是好汉！一个是英雄！

冲出十几米，俞良新把两个手榴弹对着敌人扔了出去。冲锋的敌人停了一下，见只有两个人冲上来就又猛扑过来。俞良新和周木良扔完手榴弹只好先返回来。俞良新返回时屁股上给炸了一大块，周木良的腿上给汤姆式子弹穿了两个洞。班长负伤了，突击组长负伤了！班里战士们一时有点慌。

战士们冲上山顶

这时候，二组长周应考说话了："班长挂了彩还有副班长，大家听副班长指挥！"

周木良和俞良新退回阵地时，俞良新已经不能动了，担架上来要抬他下去，他坚决不肯，抬担架的队员只好由着他。班长两条腿不行了，交代副班长说："无论如何要守住阵地，不能后退！"班副忍着悲愤答应下来，转身叫三组两个人、二组两个人从两旁向自己靠拢。等4个人靠到跟前，他交代说："沉着点，敌人一出来就干掉它！我们几个封住这一线开阔地！"

双方就这样对峙着，敌人冲不过来，战士们打不过去。

约莫一刻钟以后，后面的部队开始总攻520高地。九连的两个排从占领的阵地冲出去，从翼侧配合营主力向敌人发起了猛攻。在大炮的怒吼声中，步兵迅速出击，手榴弹穿梭似地投掷出去，爆炸声淹没了周围的一切。二排快要冲到敌人防守的围子时，19岁的新战士梁善友胸部中了一枪，鲜血迅速染红了大半个身子。他没有慌张，甚至连一点痛苦的表情也没有表现出来，只告诉班长说："班长，我可能上不去了，你带领大家冲吧，给我们负伤的同志们报仇！"两侧的友邻部队这时也发动了新的进攻。敌人动摇了，开始向后退。

六连二班在副班长的带领下冲了出去，一排、二排冲了出

71

去。敌人在解放军勇猛的冲击下，再也沉不住气，向最高的山顶仓皇逃窜。左右的友邻部队潮水一样往山头涌来，整个大山头的敌人都垮了！

看着部队前进了，班长周木良忍着伤痛，挨着石头向前爬了十几米，再也不能跟着冲锋了，副排长安慰他，叫他好好下去。他让副排长他们先向前冲，他自己则留在原地继续射击。

部队冲上了大山头，山顶的敌人垮向山沟，没命地奔跑，心里直骂父母没给他们生出 4 条腿。王兴其的机枪已经没有子弹了，冲上山顶后，他抢过一挺敌人丢下的机枪射击，子弹像火龙一样追击着敌人，敌人一片一片地倒下去，永远也不会动了。解放军彻底压倒了敌人，敌人四散奔逃。解放军占领了 520 高地，山上、山沟里到处是蒋军尸体。

智勇双全朱茂东

朱茂东是某团二营七连五班的一名小战士，孟良崮战役时任该班第二战斗小组小组长。当时，他参军刚刚半年，只参加过为数不多的几次战斗。别看他当兵时间不长，没打过几仗，可关于打仗的道道儿却不少。他平时很注意学习军事，每次战斗后，他不但自己总结战斗经验，还非常注意向老战士们请教，报上有好的军事经验，也都写在日记本上，记在脑子里。孟良崮战斗中，他充分表现了机警灵活的过硬军事素质，表现了勇猛果敢的战斗作风，立下了战功。

消灭蒋军整编第七十四师的战斗进行到第二天，朱茂东所在连奉命夺取孟良崮外围的一个小山头，他们班担任尖刀班。受领完任务，班长很快带领大家出发了。当接近到距敌四五百米距离时，班长率全班展开成散兵队形继续向前运动。朱茂东因在上一次战斗中见班长在指挥战斗时不大讲究利用地形，就对班长说：

"班长，要注意利用地形隐蔽。"

班长应了一声："我知道。"

班长虽然答应了，但朱茂东还是有些不放心。当他们进到敌军火力射程内时，小朱再次提醒班长。这回，班长有些不高兴了，语气中充满了不屑，说："你小东西参军两天半就嘀嘀咕咕的，你懂什么……"

班长话音未落，敌人的机枪子弹就打了过来。班长身边的一名战士负伤了。这时，朱茂东他们正好走到一道石壁旁边的开阔地上，班长见有战士中弹，未及思索就发出了命令：

"卧倒！"

听到班长命令，班里同志们立刻伏下身子。可是，这样一来，他们正好卧在了敌人炮火猛烈轰击的开阔地上。炮弹不时在战士们周围爆炸，机枪子弹也在战士们周围纷纷落下。在距他们几米远处是一道断崖，那是个很隐蔽的地形。这道断崖早被朱茂东观察清楚了。当班长发出命令时，他没有按班长的命令停止前进，而是毫不犹豫地招呼自己小组的战士跑到了崖壁后面。

班长见小朱他们继续走，火了，大声斥责说："朱茂东，你不遵守战场纪律，为什么不服从命令乱跑！"

朱茂东回答说："班长，我不是不服从命令，离你不算远，我到这里来为的是隐蔽，是为了保存力量更好地完成任务。"

班长此时并没有认识到自己在利用地形上的错误，对小朱叫喊着："不服从命令就不可能完成任务！"

小朱也有些不耐烦了，大声回答："'保存自己才能消灭敌人'，连长平时不就是这么讲的吗？！"

班长刚想再说点儿什么，敌人的机枪子弹已经打来，被敌人火力封锁在开阔地里的战士又有一个同志负伤了。班长悲愤交集，不再斥责朱茂东，说："就你行，你又会说又会指挥，那你领着全班冲吧！"

"好！领就领。"朱茂东知道此时不是和班长论理的时候，见班长让自己指挥就随口答应下来。

根据当时的情况，小朱命令第一、第二组的战士们到崖壁后面隐蔽。他的考虑是：要完成任务，首先是要保存自己，保存战斗力量。

大家都隐蔽好以后，

战士们利用地形隐蔽

朱茂东以激昂的声音对大家说："同志们，我们今天讲为人民服务，明天讲为人民服务，现在才是真正为人民服务的时候，好好隐蔽身体，先保存自己，再勇敢地消灭敌人！"见小朱讲得有道理，大家的情绪顿时高涨起来。朱茂东观察了一下地形，选好行进路线，冒着激烈的炮火带着全班绕过断崖继续向敌人阵地前进。

第一组刚一离开隐蔽处，就被小埠上的敌人发现了，一阵密集的机枪子弹打过来，战士们只好又退了回来。朱茂东没有慌，沉着地观察敌人，见敌火力全部射向第一组，想："反正这组已经被敌人发觉了，就用他们牵制敌人吧。"想到这里，他对第一组组长说：

"你们施行佯攻，掩护我们冲锋。"说完，他自己率领第二组、第三组出发了。他们没有从正面攻击敌人，而是趁隙迂回到了敌人侧面。当他们到达距敌人只有几十米远时，朱茂东下令开火。一阵突然的侧击火力，两个打机枪的敌人都被消灭了。敌人的机枪哑了，战士们迅速冲了上来。敌人的第一道封锁线在他的灵活指挥下很快被消灭了。

第二道封锁线是由两个暗堡组成的交叉火力，朱茂东带领大家利用地形迅速接近敌人。看看距离差不多了，小朱对班长说："班长，你带机枪手掩护，我带人去干掉它！"班长没有言语，叫上机枪手，找个位置把机枪架了起来。

借着机枪火力的掩护，朱茂东和组里的另一名战士一人手里抓了几颗手榴弹，迅速向敌人接近。当到达距敌堡十几米远的位置时，他看了一眼另一名战士，意思是可以开始轰击了。几乎是同时，两个人突然从隐身的地点挺身投弹，随着"轰轰"的爆炸声，敌人的第二道封锁线也被打破了。

就这样，朱茂东边观察边指挥，一会儿命令大家隐蔽，一会儿让大家前进，遇有敌火力时总能想出合适的办法来克服。过了敌人的几道封锁线，全班没有受一点损失。在胜利的鼓舞下，战士们的战斗情绪更高了。这时，朱茂东同志却没敢有丝毫骄傲、松懈，他知道：战斗中一丝一毫的失误，都可能带来流血牺牲的后果。

他们连续攻克几道火力封锁线后，终于到达了敌人的主阵地前。这时，班长命令朱茂东退出指挥位置，说："你现在看我指挥！"朱茂东积极服从班长的调度，以诚恳的语气向班长建议："冷静指挥，好好隐蔽！"班长不以为然，说："摆什么资格，我打仗到今天也没死，难道还不如参军两天半的你？"

朱茂东没有反驳，但心里不服气，想："隐蔽自己，消灭敌人。这是许多老同志的宝贵经验呀！"

班长赌气地离开了隐身的石墙，以突出的位置与敌人拼手榴弹。朱茂东见班长所处位置有危险，拼手榴弹也不能奏效，就再次提出建议，说："班长，还有 50 多米远，够不到啊！赶快隐蔽好，向前靠一靠再说吧。"

"拼手榴弹啦还隐蔽什么！我平时能扔 60 多米，难道现在 50 多米还扔不到吗？"班长不服气地回答。可是，敌火下投弹怎么能和平时比，况且现在是从下向上扔。果然，班长真的就扔不到。他不但没能用手榴弹消灭敌人，刚投完两个手榴弹，就被敌人的子弹打中了。

班长中弹后，朱茂东再也顾不得危险，冒着弹雨一个箭步窜出去，跑到班长跟前，连拉带扶地把班长弄了回来。班里大多数是新同志，没几个人懂得火线抢救，朱茂东亲自为班长实施了急救。一面抢救班长，他一面动员说："同志们，班长负伤了，我们要消灭敌人，为班长报仇！"包扎完以后，他让人背班长下去，班长不同意，说是要看着他们消灭敌人。

小朱见副班长的位置不便于指挥大家战斗，就又一次担起了统一指挥全班的责任。他简单观察了一下地形，迅速对各组人员的前进位置进行了部署。尔后，他自己率先向前运动，班里其他同志也按着他的指示，快速向敌人靠近。

只有 20 多米远了，朱茂东大喊一声："为班长报仇的时候到了！"随着喊声，他第一个跳出隐蔽地，把早就准备好的手榴弹向敌人掷去。全班同志们都学他的样子，连续地把手榴弹投向敌人。在猛烈的手榴弹爆炸声中，敌人垮了下去。小朱带领全班占领了敌人的阵地。

上了阵地后，小朱告诉大家："敌人很快会反扑，要赶紧准备！"

战士们很快占领了有利位置，架起枪，准备好手榴弹。这时候，友邻部队也上来了。小朱见这里已经没有多大问题，想到班长还需要救治，就对副班长说："班副，请你统一指挥全班战斗吧，我送班长下去。"副班长答应后，朱茂东迅速回到班长所在的位置，背起班长，冒着猛烈的炮火迅速离开了紧张战斗的阵地。

觉醒反戈战蒋军

    孟良崮战役还在进行中，在战场上获得解放的蒋军官兵，陆续有1400多人参加了人民解放军。他们目睹解放区劳动人民翻身得解放，军民亲如一家人，悔悟自己以前受国民党蒋介石反动宣传欺骗，参加卖国内战。一些被抓丁者，更是不忍当官的欺压，他们决心以实际行动报仇雪恨，打垮蒋介石的独裁统治。在这一心理驱使下，不但以往从国民党军队解放过来的原蒋军士兵英勇作战，纷纷立功，刚刚获得解放的蒋军士兵也就地反戈，积极参加打击蒋军的战斗。

    在我华东野战军对孟良崮守敌发动总攻时，一纵六团二连连长命令二排攻占540高地。排长派五班副王春发（宿北解放战士）带领沈剑飞（鲁南解放战士）、黄条金（宿北解放战士）、仲开奋（宁阳解放战士）等三人担任突击组。他们刚冲上制

王春发小组的战利品

79

高点，敌人就在猛烈的炮火支援下展开了反扑，在正面攻击的同时，敌人还派出小股兵力向他们迂回攻击。但他们没有被敌人的猖狂攻势吓倒，经过十几分钟的激烈战斗，王春发小组打退了敌人的进攻。

为了进一步扩大战果，敌人退却时，王春发带领三个人紧跟着冲了上去。敌人拼命逃跑，他们奋勇追击。

当他们临近敌人时，王春发想：如果用火力杀伤敌人，敌人边逃边躲避，作用不大，不如展开政治攻势。于是，他开始带头喊话："老乡，缴枪就不打了，我们优待你们！"大家也跟着组长一齐喊话。蒋军士兵没有停下，还在四散奔逃。黄条金喊道："我也是当过国军的，是宿北俘虏来的，在这里受优待！""我是鲁南解放过来的，在这里很好！""我是宁阳解放来的！"沈剑飞、仲开奋等接着喊。

这一回，喊话有了效果，奔逃的敌人停下脚步，转过身来，但是没有交枪投降，他们还在犹豫。王春发他们见敌人不逃了，一边进一步靠近敌人一边又喊："缴枪优待，不然我们就扔手榴弹了！"离他们最近的几个敌人双手举起了枪，缩头缩脚地从藏身处走出来，与这几个敌人一起的一个拿汤姆式枪的蒋军士兵还在犹豫。王春发他们又喊："那个拿汤姆式枪的还不举手投降，我们要打了！"这个拿汤姆式枪的士兵随

我军向俘虏宣传政策

即举起双手来了。一个蒋军士兵把手里的一挺机枪扔在了地上，回头又跑。沈剑飞喊道："你机枪都放下了，还逃什么？我们不会打你的。"这个机枪手也被喊回来了。

王春发小组四个人，一路追击，一路边打边喊话，不大工夫，共计俘敌50多名，缴获步枪16枝，机枪一挺，掷弹筒一个，汤姆枪一挺，战马20多匹。

王春发他们把缴了枪的蒋军士兵集合起来，准备派人向后方押送。一名上了点儿岁数的俘虏，战战兢兢地对王春发说："长官，你们说的都是真的？"王春发说："当然是真的，我们解放军是不会骗人的！"老俘虏接着说："我能参加解放军吗？"

听俘虏提出这样的要求，王春发愣了一下，一时不知道该不该答应他。

老俘虏见他没回答，马上又说："我恨死那些当官的了，让我跟你们一起打他们报仇吧！"王春发见他说得诚恳，就答应了。没想到这样一来引起了连锁反应。一名俘虏说："我兄弟两个都被抓了丁，后来听说父亲也被抓了，我哭时被长官发现了，他们不但不同情，还狠狠地打了我一顿。也让我参加解放军吧！"又一个说："我生病时，他们让我挖掩体，我没有完成任务，被罚跪半天，还不给饭吃，我也想跟你们走！"……俘虏们一个接着一个地提出要求，一会儿就有七八个想跟王春发他们一起去战斗。王春发见大家说得认真，知道都是出于真心，就说："好吧，现在想参加解放军的就跟我们一起冲锋，不想参加的就留在这里！"

王春发小组留下一个人看管俘虏，其他人带着一群战场反戈的蒋军士兵又向敌人冲去，很快就冲上了敌人的另一个山头。战后，王春发同志个人立了个大功，小组立集体功一次。

ZHONGWAIZHANZHENGCHUANQICONGSHU

　　孟良崮600高地进攻的战斗正在激烈进行的时候，七十四师一个头部和腿部受伤的士兵，径直地爬向解放军的阵地，一边爬一边向解放军阵地挥着手。战士们见他挥手就没有开枪。他刚爬过危险地带，扭转头来就破口大骂："娘卖×，张灵甫！你活不久啦！"骂完后又回过头来对阵地上的解放军战士说："同志，使劲打呀，张灵甫就在山头上，还有两个旅长，还有副师长。"

　　"你怎么挂彩啦？"一名解放军战士问。

　　"山上粮草都没有了，还打个狗屁。我没饭吃，没有劲冲锋，是叫连长打的。"

　　战士们接着问："你怎么往我们这里爬，你不怕打死你吗？"

　　伤兵信心十足地说："你们不是喊话了吗？不是说投降不杀还优待吗？我相信你们！我在那边干了7年啦，越干越有气，哪个还想再呆下去！我也想跟着你们干啦！"

　　接下来，战士们了解到，这名蒋军士兵叫王自勤，当初也是被国民党军队抓丁抓去的。在国民党军队里，由于他为人老实，不会拍马溜须，一直受军官们的欺负。根据这些情况，阵地上的领导决定接受他的要求。

　　不久，王自勤跟随阵地上的解放军参加了围攻山头的战斗。战斗中，他端着刚缴获的冲锋枪冲在前头，痛扫石洞里钻出来的蒋军。有一批蒋军士兵举手投降时，见王自勤穿的也是国民党军军装，又把枪收了起来，惊奇地问："你怎么缴自己人的枪啊？"王自勤把枪口对准说话的蒋军，大喝一声："谁和你是自己人，我是解放军！快缴枪！否则开枪杀光你们！"十几个蒋军服服贴贴地做了他的俘虏。

　　蒋军七十四师全军就歼前的3小时，蒋军飞机在芦山抛下了无数张给蒋军打气的传单，有一张上面写着："你们愿意学二十六师呢？还是愿意保持你们'模范军'的光荣称号呢？"毫无例外，死到临头的时候，七十四师的官兵也只有走上二十六师的老路。

枪声还在稀稀落落地响着，从芦山顶上断断续续地走下来戴着船形小帽的俘虏群。他们扛着数十分钟前还向人民军队射击的各种武器，没精打采地走着。当一批俘虏走过时，八纵队某连指导员突然发现走在最后的一名蒋军士兵还端着崭新的中正式步枪，急忙上前拉住他，问：

"你怎么没卸下枪栓？"

"我是押俘虏的！"那名蒋军士兵肃然立正，认真地回答。接着又说："我是前天晚上从万泉山八十三师解放来的，现在我参加解放军打七十四师了。"他指着刚佩上的解放军臂章给指导员看，然后得意洋洋地小跑几步，跟上那批俘虏，押着下山去了。

芦山半山腰的一片谷地里，解放军某部的六○炮猛烈地向山上的蒋军阵地轰击着。半小时前刚从八十三师解放来的炮手钟金宝，向炮营教导员请求：

"报告，我是被蒋军抓来当兵的，我想打几炮报仇！"教导员答应了。钟金宝熟练地装好炮弹，测好距离，瞄准密集的敌群打开了。一连打了四发，发发命中目标。解放军战士们拍手叫好。钟金宝受到了鼓舞，兴奋地说："从现在起，我是解放军的炮手了！"

于冬林是沂南县人，敌人进攻到他的家乡时，全村的人都逃了出去。他本来也逃了，但不放心家里养的猪，第2天又偷偷地回去看。他家的猪早让蒋军给杀了，就在他想再逃出去时，不小心被敌人抓住了，从此跟着国民党军队打仗。到了孟良崮，遇上我军歼灭七十四师的战斗，解放军的炮弹枪弹像雨点一样满山打。于冬林趴在一块大石头后面，看到满山遍野的蒋军死尸，心里又害怕又后悔。他想："这回完了，叫敌人抓来死在这山上，死得不值！"

山上断粮断水，他一天半没有喝水了，又饿又渴。饿还好说，渴就特别难熬。周围的蒋军像老鼠一样四处乱窜，一边躲避着解放军的炮火枪弹，一边不停地骂："妈的，这些当官的还不赶快投降，让大家都死在这里呀？""他妈的，渴死啦，渴死啦！"

于冬林慢慢地从石头后面向前爬。他们的排长发现了他，问道："干什么去？"于冬林说："渴死啦，找口水去！"排长又说："下面全是解放军。"于冬林回答："不要紧！"那名排长也正口渴得很，就对他说："不要紧？好，给我也提一壶来！"说着就把水壶解下来递给了他。

于冬林提着水壶向山下走，走到山半腰时，看到三四十个蒋军士兵正在抢着喝山沟里的一点泥水。他本想也挤进去喝一点，可怎么也挤不动。泥水很快就被喝光了，没喝到水的蒋军越发骂得厉害："妈的×，渴死啦！"

于冬林又向山下走，走到一个山脚时，看到一个很大的山泉，有解放军守着，四周架着好几挺机枪。他知道解放军不杀俘虏，所以见到解放军心里一块石头反倒落了地。他站了出来。一个战士喝住他，问是干什么的。他把山上蒋军的情形从头到尾和战士们说了一遍。一个战士问他："你有没有胆子领俺们冲上去？"

"有！"于冬林响亮地回答，随后又说："这样就是死了，也比刚才死在山上好些!"

于冬林在泉子边上饱喝了一顿清水,又满满地舀上一壶,领着战士们摸上山去。临近那群争泥水喝的蒋军时,他喊道:"四面都是解放军啦,要活命的就快投降,我保证你们的安全!"

"山下有烧开的茶水,热腾腾的馒头,别在山上等死啦!我这里还有一壶凉水,快来喝吧!"我军战士们也展开政治攻势,向蒋军士兵说明利害。

听说没有危险还有水喝,围着泥坑的三四十个蒋军马上把枪缴了出来,争着到山下喝水去了。

于冬林领着战士再往山上走,一直摸到了敌人的主阵地。战士们冲上前,迅速解决了小山头上的敌人。此后,又在于冬林的引导下,冲进山里去了。

ZHONGWAIZHANZHENGCHUANQICONGSHU

芦山顶上歼顽敌

5月15日，强烈的阳光照射在蒋军七十四师困守的芦山群峰，成群的美制蒋机在空中盘旋，不时投下几颗炸弹，俯冲扫射一番。但敌人的空中支援改变不了蒋军整编第七十四师行将覆亡的命运。我华东野战军正在向敌人据守的几座山头攻击，大炮在沉重地怒吼，无数炮弹的巨响震撼着群峦与山谷，密集的子弹在乱石间飞啸，遍山满谷弥漫着浓密的硝烟。

八纵某部先锋营15日晚8时出发，战士们在昏暗的夜色掩护下，静悄悄地向着山头摸索前进。敌人的照明弹亮起来，他们就地隐蔽不动；照明弹熄灭了，又快速匍匐前进。岩石划破了手足，挂破了衣衫，子弹不时迎面射来，他们全然不顾。临近敌人的阵地时，他们向敌人发动了进攻，经过彻夜激战，终于占领了毗连620高地（芦山最高峰）的第四个山头。

这时已经是第2天的清晨，负责攻击芦山群峰的我军各部队陆续到达了预定地域，总攻芦山的战斗就要开始了。

上午10时许，我军密集的炮火开始向芦山顶上的敌人轰击，蒋军麇集到哪里，炮火就打到哪里。总攻芦山开始了。摸到芦山附近的指战员们在和东北方向攻击上来的兄弟部队取得联系以后，共同向着620高地展开了猛烈的攻击。敌人四散奔逃，想寻找突破口逃出我军的重重围困。

敌人向四连这个方向突围了。四连二排的同志们散

占领阵地的华野炮兵部队

伏在乱石背后向敌人射击，个子瘦小、脸色黝黑的刘排副指挥着三挺轻机枪不停地扫射，压制着敌人的火力。他的头上和腰间扎着白色的绷带，那是他在占领第一个和第三个山头时挂的花。当时连长对他说："你负伤了，还是先下去吧！"他果断地拒绝了。因为，他没有忘记自己部队在不久前与七十四师交锋时倒下的战友们。那次作战时他还是位班长，班内有四个战士被七十四师打死打伤。仇恨如同烈火般燃烧在他的心头，他咬紧牙关忍受着伤口的疼痛，用坚毅的口吻向连长表示："我不下去，我要报仇！"

阳光照耀下，刘排副瞥见了对面高地有一批敌人在运动，他端起枪，瞄准敌人连续击发了几下，战士们看得很清楚，五个敌人随着他的枪声倒下去了。

在一块岩石的侧后，一排副在用缴获的汤姆式枪扫射。敌人的重机枪和他对射着，子弹"嗒嗒"地打在他面前的岩石上，无数的小石块迸飞起来。他感觉右眼有些痛，伸手一摸，鲜血正从眼角边滴下。他负伤了，但他毫不在意，用袖口抹去血渍继续战斗。敌人的机枪扫射得更猛烈了，四连长张风一、副连长吴开宣负伤了，但他们仍在指挥部队战斗。机枪班长陆志仁

大叫一声站起身子向敌人射击。敌人罪恶的子弹打过来，击中了他的头部。陆志仁壮烈牺牲了。

"报仇！报仇！"战士们没有恐惧，只有一腔怒火在燃烧。一排副向着顽抗的敌人瞟了一眼，对战士们大声说：

"把刺刀上起来，敌人不缴枪就多揍死他几个！"

"说什么七十四师是五大金刚，今天就跟他比比谁的拳头硬！"

敌人冲锋的部队一拨比一拨多，火力一次比一次猛烈，四连的指战员始终没有后退一步。下午2时，响亮的冲锋号在四面八方响起，猛烈的攻击又开始了。四连的同志们和其他部队的战士们一道压向芦山。

六纵、八纵、九纵等在兄弟部队的呼应配合下，以万泉山为跳板，向龟缩于芦山顶周围的蒋军七十四师残部发起了最后的围歼战。指挥员的出击命令一下，各种武器立即猛烈开火，芦山山顶顿时被硝烟吞没。蒋军在解放军排炮轰击下乱滚乱窜。从各个方向攻向山顶的部队如同一支支利刃，勇猛地刺了出去，飞向芦山山顶。躲在石缝中的蒋军，完全陷入了解放军的严密火网之中。

八纵的张希春同志刚任一连副连长三天，他们连在与敌人的往返冲杀中伤亡较大，连里其他指挥员都负伤下去了，部队只剩下"李干排"（一排）和另一个班还算完整。下午2时，营长对张希春同志说："不管人多人少，总攻芦山我们不能落后！"张希春同志毫不犹豫地答应下来。此刻，随着冲锋号声，他带领40余人出击了。他们攀登陡岩峭壁，直扑蒋军设在山坡上的阵地，在半山腰就与敌人拼起了手榴弹。蒋军赶紧后退，躲避前面解放军手榴弹的猛烈打击，这时炮弹又紧跟着在敌人的背后纷纷开花。这伙敌人见势头不好，便放弃阵地向山顶跑去，张希春带领战士们紧紧追击。

敌人在我军的强大压力下陷入混乱，狼奔豕突。当他们发现四连方向人员较少时，就想从这里突围逃跑。四连官兵哪里肯让一个敌人逃出去，他们占领有利地形阻击敌人，击退了敌人的两次突击后，乘敌人后退之机又顺势发起追击。追到山洼时，一块半间屋子大的岩石挡住了攻击的道路。

这块岩石成了 620 高地的屏障，敌人死命地守，四连猛烈地攻，无数个手榴弹在岩石的前后炸裂，机枪子弹急雨般地在那里纷纷降落，硝烟笼罩着整个山洼子，指战员前仆后继地冲击着。这股敌人感觉出自己走到了穷途末路，失去这个石壁就意味着只有死路一条，因此决定孤注一掷。在一名军官的指挥下，敌人握着刺刀从岩石后面冲出来，我们的战士立即握住上了刺刀的枪冲上去。一排长抖擞精神，一个人一连放倒了三个敌人。其他的战士也勇敢地与敌人博斗着。经过 20 分钟的恶战，四连终于占领了这块大岩石。敌人失去依托，丧失了斗志，又惊慌地向后退却。

四连在敌人后面勇猛地追击着，很快追到了敌人最后顽抗的鹿砦、地堡，他们毫不犹豫地冲了进去。但是，他们又被反扑出来。排长王其田负伤了，手榴弹用完了，子弹也打光了。战士们有些恐慌，眼睛都望着副连长。

怎么办？后退吗？不行！退下去再攻上来势必要造成更大的损失。张希春同志没有慌，冷静地告诉大家："沉住气，上好刺刀，利用敌人的手榴弹，堵住口子坚持最后五分钟，后续部队就可以上来！"

一句话提醒了大家，战士们从敌人死尸上、阵地上拾起了手榴弹还击敌人。敌人退回去又冲上来，反复了好几次。张连副他们始终没有后退，一次次把敌人打了回去。在冲杀过程中，张希春的小肚子上中了一枪，鲜血直流。这已经是他参军以来的第7次流血，又一次表现了他英勇顽强的战斗精神。正在这紧急的关口，兄弟部队从四面八方冲上山来。

在四连翼侧冲锋的是七连。冲锋号一响，七连六班长赵子芹，率领全班在前面猛扑，战士们紧随其后奋勇冲击，很快突破了蒋军前沿。二排首先抢上阵地，并继续向前发起进攻。山顶的蒋军拼命反扑，连续组织起六次反冲锋，但都被七连打垮了。

敌人还在反扑，六班长赵子芹和二排长王学诗都挂了花。战士们愤怒了，把更猛烈的火力射向敌人。在打退敌人的第7次冲锋后，战士们紧随着退却的敌人冲了上去。解放战士李浩冲到前面，一人缴了敌人的3挺机枪。蒋军七十四师彻底垮了，部队纷纷向后逃窜。二排副排长谢德元乘机率领全排冲锋，攻占了接近芦山顶的最后一个山头，俘虏蒋军300余人，缴获了一挺重机枪、一门六〇炮和八挺轻机枪。

芦山顶上的敌人还在负隅顽抗。七连连长瞧着那门刚缴获的小炮，问大家："谁能用这个打？"同志们都没有吱声。连里的炮手都牺牲了，其他人没有把握。连长急了，自己操起炮来向芦山顶上的敌人射击，一连几炮打过去，不是远就是近。这可气坏了七连长。正在这时，一名刚被俘虏的蒋军士兵说话了："我打行不行？"七连长痛快地说："行！"只见这名俘虏熟练地操炮射击，第一发就命中了山上的敌人。七连长高兴了，说："好！快打，你可以立功了！"俘虏听连长表扬他，兴奋起来，瞄准山上的蒋军，一口气打了50多发。山上蒋军被炮火打得乱成一团。

张真牛是六连一排的一名优秀班长，名叫真牛，打起仗来还真个叫牛。不是憨牛，是智勇双全的牛，牛气！

当三面的友邻部队开始总攻芦山的最后几座山头阵地时，张真牛班在六连一排阵地最前沿向蒋军七十四师发起了正面突击。这时候，在侧方的一个高地，敌人正和友邻部队激烈地争夺着。当密集的机枪声稍微停歇时，六连副仰头望去，发现友邻部队已占领了右翼阵地，他转回头招呼战士们说："快冲上去！我们要落后了。"连副话音未落，张真牛就手一挥带着他班里的战士们跑上去了。班里有两个战士曾在过去战斗中有点害怕，这时受班长的影响也忘了害怕，大着胆子跟着张班长扑了上去。莱芜解放过来当弹药手的李佩良，手里没有枪，看着大家奋勇前进，握着背来的一把铁锹和手榴弹也飞奔了上去。

在猛烈的冲击过程中，张真牛没有忘记观察敌人。他发现敌人约一个排的兵力正在蠢蠢欲动，准备反冲锋，于是停下脚步仔细观察，发现这个排的敌人是精干的冲锋排，有三个班的冲锋式武器，四挺美式轻机枪，还有两门六〇小炮。在这个排的后面，大约距离30米的地方还有将近一个营的蒋军步兵，正像一群落水的鸭子似的在那里乱窜。

"班长，敌人都乱了，还不压过去等什么？"解放战士李佩良原是国民党四十六军的老兵，打仗有经验，这时一边对张真牛喊着，一边拿了手榴弹就准备冲过去。

"慢着！"张班长制止了他，"你急什么，我比你还要急呢！这回你也得学一下政治攻势，喊话啊！"听班长这么讲，李佩良不冲了，扯着破锣嗓子放大喉咙喊起来：

"国军弟兄们，放下武器吧，我们优待俘虏，不搜腰包！"唉！还是没忘了在国民党军队里时常想的那点儿事。但话总是喊了，事儿也还算说的实在。

班里其他几个人也喊起来。大家的喊声汇合一处，在山谷间回荡。敌人没有什么反应。这时后面的炮兵用炮弹说了话，"轰！轰！"两颗炮弹落在敌人的左侧。敌人头也不抬地伏了下去。

张真牛回头一看，后续部队距离他们还有100多米。为了不使敌人发觉他们的兵力少，顺利解除敌人的武装，他机智地命令班副带一组人插到左侧方去。待班副他们走远，他沉着地指挥机枪手架起机枪，大声喊道：

"你们已经被包围了，本队长命令，立即放下武器集合！"这时，副班长他们也从侧面喊开了。

敌人以为真的被包围了，叫着："不要打！不要打！我们投降！"

一个排的敌人放下了武器，在张真牛他们的一个班面前像羔羊似地驯服地排好队，做了俘虏。左侧山背上的友邻部队看见这里解决了敌人，一齐压过来，把左翼正在骚动的一个营迅速地解决了。

张真牛派两个战士看管俘虏，其他人把手中武器全部换上了冲锋式，又继续向着芦山高地攻击前进了。

下午4时左右，从四面八方冲上来的解放军指战员相继踏上了芦山山顶，战士们的刺刀如万道金光飞舞，顽抗的蒋军纷纷滚下山坡，东撞西碰。然而，哪里还有他们的安身之地？到处都受到解放军的手榴弹、炮弹的轰击。蒋军再也无力顽抗了。于是，成千成百的蒋军在解放军的喊话中屈服了，把枪顶在头上向解放军战士求降。有些曾做过解放军俘虏的胆子大些，从石缝中钻出，刚放下枪就拍着手就向解放军战士乞讨水和馒头。蒋介石的一等主力七十四师的一大批"英雄"们，就在这山头上被解除了武装。一大堆一大堆

我军缴获的美式山炮

的武器变成了人民解放军的战利品，一批批的俘虏从山顶上被押到山下来。

孟良崮上英雄多

5月16日拂晓，华东野战军第一、第四、第六、第八、第九纵队组成的战役攻击集团，成多路围攻态势，对据守孟良崮的蒋军整编第七十四师展开了最后攻击。战斗异乎寻常的激烈。炮火的轰鸣声在丛山中激荡，似乎所有的山峰、山谷以及七高八低的山路、石屋、松林、坡地等，都被震撼得发抖了，人们好像正处在一场大地震的中心地带。

天刚蒙蒙亮，某部一营奉命扼守600高地。这是孟良崮上的一个尖尖的小山头，本来是蒋军占领的，拂晓前被我军夺了过来。这个山头对周围地形有很好的瞰制作用。从这个山头上可以向右面的高山头上打枪，掩护右面的兄弟部队把右面的高山头夺过来，也可以向左面的山头打枪，掩护左面的兄弟部队把左面的山头夺下来。我军占领了这个山头后，对敌人在孟良崮的整体防御构成了很大威胁。

天亮后，敌人开始组织反扑。

战斗一开始就不寻常。敌人组织了三面交叉火力，在正面猛攻的同时，右面和左面的山头上都有炮火轰击过来，并打来了密集的机枪子弹。正面，敌人以大约一个营的兵力，在猛烈的炮火掩护下向山上冲击。蒋军端着明晃晃的美式冲锋枪，一边冲锋一边向山头上猛烈射击。在敌人的猛烈进攻下，山头上的三连指战员在打退敌人的几次进攻后，伤亡很大，眼看就要支持不住了。

如果我军退下来，敌人很快就会冲上山头，已经到了最危急的时候。营长由于不久前被敌炮火炸伤退到后方去了，此时年轻的副营长陶炳权在指挥战斗。面对敌人的疯狂进攻，陶副营长显得格外果敢和坚决。他斩钉截铁地对沙连长发出了命令："一连上去，占领山头！"

山头上烟雾迷漫。沙连长弓起身子，握着驳壳枪，带领部队一、二排向前沿冲去。当突击排（一排）到达一连阵地时，敌人离山顶也只不过十几米了。勇士们居高临下，狠狠地摔过去一阵手榴弹，正向上冲的敌人连忙伏下身去。

两侧山头上，敌人的机枪更加猛烈地扫射过来，炮弹也更猛烈地打过来。炮弹在勇士们的屁股后边接连爆炸着，飞起的石子打在副连长夏玉良的面颊上，副连长负了伤。他负伤后没有后退，心里想："这就是党需要我的时候，是为人民立功的机会！"他仍然坚守在指挥位置，仍然在沉着地指挥着部队。夏副连长无愧于共产党员的光荣称号。弹片从沙连长身上擦过，沙连长也挂了花。子弹打穿了三班长的腿，他没吭一声，只对班内同志说："谁也不能退下去，一定要坚守到底！"又一颗子弹飞过来，打进他的肚子。三班长脸色苍白，豆大的汗珠不停地往下滚，但他没有喊一声痛。由于敌人反扑的火力太猛，几分钟内，突击排的勇士们伤亡过半。

二排冲上来以后，战士们很快打退了敌人的进攻。

敌人第二次反扑上来，勇士们以更猛烈的手榴弹迎接敌人。

敌人再次垮下山去。

几个回合以后，阵地上只剩下十几个人了，指战员们都负伤了，但勇士们谁也没有后退，仍然坚守在山顶。敌人的榴弹打过来，我们的手榴弹就再打回去。王世敏、陈成汉、何宾四3位战士也都负了伤，但没有一个人下火线。大家都在山头上，一边互相鼓励，一边拼命地向敌人投弹。

督战队逼着敌军士兵又一次向山头冲过来。沙连长命令三排副领着八班冲上山头，与阵地上的同志们共同对付敌人。战斗英雄、三排副厉阿三吆喝一声，带着八班迎着敌人的枪林弹雨冲上山头。一颗榴弹在八班长曹相祖身边爆炸，弹片飞进了他的腹部。他索性把枪一放，一手堵住伤口，一手连续摔过去四颗手榴弹回敬敌人。卫生员赶过来替他包扎，发现曹班长的伤口上有一段肠子已经露了出来。

我军死守600高地，敌人拼命攻击，战斗越打越激烈、残酷。一连九班长领着九班也冲上去了。看着敌人向上冲，胶东参军来的孟光辉恨得牙都要咬碎了，他挺直了身子打手榴弹。炮弹在他身旁爆炸，弹片打在他的头上。他用手一摸，满手是血，便大骂着直起身子来把手榴弹猛投过去。炮弹破片打伤了六班长的左肩，整条手臂都不能动了。连长叫他下去。他昏沉沉地摇摇头，说："我不下去，死也要死在这里！"莱芜解放战士谢福升、肖雄被勇士们的顽强精神所感动，这时也忘掉了恐惧，一枪一枪地瞄准着敌人打。

敌人的又一次冲锋被打退了，沙连长、夏连副和战士们的脸上都露出了微笑。然而部队伤亡太大了，他们已经没有能力继续战斗。

"占住山头！"副营长命令四连冲上去。

这时候，左、右两面山头和前面山头上，敌人的重机枪、轻机枪、冲锋枪都在向600高地上射击，炮弹骤雨般地落下来，发出一片惊天动地的爆炸声。谁也分不清哪是枪声哪是炮声了。战士们只有一个信念：山头阵地不能丢！

　　"冲！"四连长毫不犹豫地下达了命令。

　　马思进的五班是突击班，马思进是榴弹组长。听到连长的命令，他带着全组冲到了全连的最前面。这时，三面山头上的敌人集中火力向600高地轰击，硝烟弥漫着整个山头。马思进小组的三个人迎着密集的敌火，快速地向山上冲去。快到山顶时，敌人也扑来了。马思进小组冲得比敌人更快。他们一边快速前进，一边把早就揭了盖的手榴弹投向敌人。手榴弹在敌群中炸

战场上的马思进小组

开了。乘着敌人退缩的一刹那，马思进小组已经冲上了山顶。

　　敌人三面打来的密集火力阻挡了后续部队，连里的其他同志一时上不来了。被马思进他们压制的敌人，并没有退下去，一个排左右的敌人隐蔽在二三十米外的几处石崖后，向他们打来成排的手榴弹，炸得石屑纷飞，十多支汤姆枪"哗哗哗"地像一阵狂风骤雨似地把子弹泼向山顶。

　　山顶上，马思进小组昂首屹立着。他们想起了不久前的南北留山地守备战。那是在奔袭宁阳的前一天，4月16日，马思

进所在的英雄连队与增援泰安的敌人的一个连同时抢占山头，跑在最前面的马思进小组和班长郝光钟猛扑上去，用手榴弹拼走了敌人。然后，不管炮弹如何在四周"咣咣"开花，4个人分散开来，伏在光秃秃的岩石上，以排子枪和手榴弹迎击冲上来的敌人，4个人打垮了敌人一个连的两次冲锋，巩固了阵地。那时，马思进由国民党军队中解放过来还不满4个月，那次战斗，是他真正懂得解放军为谁打仗的第一仗。战斗胜利后，他第一次立了功。

眼下，形势并不比南北留山地守备战好多少。敌人见山顶上不过几个人，又野蛮地吼叫着，端着冲锋枪冲上来。马思进喊了一声："与敌人拼!"组员田有志、郭宝山猛地站起来，把手榴弹准确地投向扑上来的敌人。手榴弹在敌人中间炸开了，只见好几个敌人被炸得血肉横飞，其他没被炸死的急忙伏在地上，好长时间不敢抬头。

几分钟后，敌人发动了第二次冲锋。马思进他们再次把敌人打了下去。打退敌人的冲锋后，他们三个人的手榴弹也打光了，可后续部队还是没有上来。退集在石崖后面的20多个敌人，准备组织起第三次冲锋。远方的敌人也在向他们这里运动。

敌人快要上来了，向后退缩吗？马思进思考着。不！丢了这山头再夺回来要死更多的人。况且，向后转，屁股是不长眼睛的，人跑不过子弹。而且，后路已经被敌人的炮火封住了，根本没办法通过敌人的封锁线。

"上刺刀！要报仇要立功就看今天了！咱们三人在一起，敌人上来就和他们拼!"马思进下达了命令。郭宝山咬咬牙说："对！人在阵地在，咱们决不做孬种!"三把雪亮的刺刀伸出石缝，在阳光下闪闪发光。他们像三块巨石般屹立在山顶上，等待着敌人的到来。

四连连长陆万良是位久经沙场的老兵，看到本连的 3 个同志上起了刺刀，知道敌人又要上来了，即大声地对五班长喊："老郝，冲上去！"

连长急，五班长更急，挺着那 3 把刺刀的是他班里的 3 个勇士啊！

他再也顾不得敌人的火力封锁，带着五班冲过火力网，来到马思进他们身边。连长陆万良带着 6 挺轻机枪和后续部队也赶了上来。

连长上阵地后迅速看了一下地形，考虑到若把机枪放在后边，受地形限制不能发挥火力作用，于是果断决定把全连的机枪都放到第一线。他刚刚组织好机枪火力，敌人的第三次冲锋就开始了。

敌人的三面火力，来得更加凶猛，正面的敌人差不多使用了 100 多挺机枪。四连依托着高高低低的石岩、石头缝，用机枪、步枪、汤姆式枪、手榴弹狠狠地打击敌人。敌人猛冲上来，又猛跌下去，一次又一次地被四连打下山去。山顶上敌军尸体不断增多，但敌人督战队残忍地用机枪逼着士兵们，像波浪一样，一阵一阵地向山上涌。各种炮弹把石头打起一团团黑烟白雾。几架飞机飞过来，在山头上空低飞着俯冲扫射，并不时倾倒着炸弹。炸弹响处，浓烟夹着大块的碎石跳起来，整个山岭都震动了。

四班长王先成手中的一挺老式机枪不能连发，只能像步枪一样一枪一枪地打。眼看敌人就要冲上来，王先成火了，夺过三组的一挺机枪，站起身来就对山下一顿狠打。敌人成片地倒了下去。可是，敌人的子弹也找上了四班长。他挂彩了。敌人

ZHONGWAIZHANZHENGCHUANQICONGSHU

正向山上冲，火力不能减！四班副接过班长手里的机枪，狠狠地向敌人射击，一颗颗的子弹不断地送到了敌人的身上。子弹打光了，他们从地上拾起步枪子弹袋，拿出子弹来再打。

阵地上的重机枪狠狠打击敌人

不远处，七班副的机枪像一条火龙一样向敌人喷射着。他是露着半截身子打机枪的，子弹不停地在他身旁落下，打得石头直冒火星。一班战斗组长也在挺着身子射击，后来挂彩了，战士戴元喜同志接过机枪就打，并对副班长说道："副班长，你放心吧，我一定能用好机枪火力！"

陆连长暂时当了一排的机枪手，抱着机枪一阵恶打，好几个同志替他装子弹都来不及。

副连长一面指挥，一面忙着帮七班的机枪装子弹……

敌人冲近了，五班和六班的战士站起来又是一阵手榴弹。手榴弹准确地落在敌人堆里，爆炸！又是爆炸！！

在四连猛烈的机枪和手榴弹的打击下，敌人只好再一次垮下山去。

三班的小战士谢春利是从渤海刚参军来的，今天是第一次打仗。刚开始时心里还很恐惧，后来看看战士们个个英勇，他也就忘了怕了。不知道仗该怎么打，他就边打边学，不时用眼角扫一下附近的老战士。老战士打枪了，他晓得有了目标，也就端起枪瞄准放一阵；老战士冲上去了，他也就冲上去；老战士伏下身来，他也就急忙伏下来。这样学着，一板一眼的打得还真像那么回事。七班的朱明山、朱美福是和谢春利一起参军来的，这时也表现得特别沉着，紧紧地靠在机枪手旁，忙着装子弹。

张继祥同志是枣庄解放来的，是六班的一名组长，还是战地小报的一名通讯员。一声巨响，炮弹在他身旁开了花。张继祥的身上多处负伤，鲜血浸透了衣裳。敌人垮了，部队向前冲，张继祥心想着要为人民立功，也跟着战士们猛追下去，连翻几个山头。班长见他实在不能坚持了，一定要他下去，他这才停下脚步。

挂彩的战士越来越多，可忙坏了连队的卫生员。一班的陈桂香，四班的俞美斗，六班的李天祥，在敌人的火力封锁下，把伤员一个一个地包扎好。尤其是陈桂香同志，在敌人凶猛的火力下，连续包扎了 4 个伤员。当战士们猛追敌人的时候，他正在包扎一个伤员，这可把他忙坏了，他急急忙忙地包扎好伤员，又急急忙忙地追上部队。

四连与一连守住了 600 高地，右边和左边的兄弟部队勇猛迅速地攻下了两侧的高山头。敌人像潮水一样退下去了。猛扑 600 高地的敌人，见自己攻不下来，两侧山头又丢了，知道只剩下向后开溜的一条路了，纷纷退却。

"彻底消灭敌人！"陶副营长命令四连追击。

四连的勇士们紧紧地追上去。马思进那个组又一次冲到了最前面。他们跃过大大小小的弹坑追击敌人。敌人溜得真快。马思进他们猛追到第一个山头上，才碰到一个实在溜不动蹲在石头上喘气的敌人。一挺轻机枪靠在那个敌人旁边，马思进毫不客气地把机枪夺了过来。

追击中，大家最大的感觉是渴，嘴唇干得要裂开。拂晓投入战斗前，战士们每人除喝了两三碗地瓜干煮的稀粥外，到现在还滴水未进。两天两夜没合过眼，每个人的眼圈都深陷下去了。马思进和大家一样，军衣早就被汗水湿透了，肚皮是空的，头晕口渴，极度疲劳。但看到敌人在前面逃奔，不知从哪里来的劲，四连的战士们像奔驰的猎豹一样地迅速追击，像老虎一样地猛扑上去。他们紧紧地追击敌人，一连翻过五个山头，在最后一座又尖又高的山上，敌人到底被他们追上了！

七十四师的残兵败将都集中在这座山上。四连战士最先赶到了山脚下，副连长指挥战士们冲上山去。冲到半山腰时，已经和敌人靠得很近了，那些"模范军"的军官士兵麇集一处，就是不肯缴枪。四连的战士们展开了政治攻势。一班长徐克惠先喊道："不要打枪啦，快快下来吧，我们优待你们！"接着，一班长又叫战士王奇云喊。王奇云同志使劲提高嗓门喊："不要打枪了！我也曾经是中央军的，莱芜战役我们一个军全都过来了。我们在这里很好，不要再替蒋介石送死了，赶快放下武器投降吧！"起初敌人还在打机枪，听到我军的喊话停了下来。大家见敌人的机枪不打了，喊话有了效果，也就停止了射击，你也喊我也喊的，越喊越起劲。

一会儿，山上摇晃起了白布，敌人投降了。四连的战士们冲上了山顶，兄弟部队也从四面八方冲上来了。山顶上的敌人纷纷缴枪投降，顽抗的敌人全都死在解放军战士的枪口下。

战士们到达山顶后，发现山上有许多白布。原来，战士们还以为是敌人准备投降时用的。后来，一名俘虏告诉战士们，这是准备和天上的飞机联系用的，用白布摆成"工"字形，就可以和飞机联络，请求飞机投下食物和饮水。

四连的战士实在太辛苦了，他们正需要食物和饮水。战士们很快把白布摆设好，等待敌机来临。一会儿，敌机飞过，看到联络信号，果然用降落伞抛下了一包包的馒头、罐头、面包和饮水。馒头还是热气腾腾的呢！四连的战士毫不客气地大吃大喝起来，边吃边笑骂蒋介石，说蒋介石做"运输大队长"还是基本称职的。

ZHONGWAIZHANZHENGCHUANQICONGSHU

勾心斗角的蒋军

　　孟良崮战役过程中，我军各部队之间，军队与地方百姓、民兵之间，都表现出了同仇敌忾、共抗敌军的合作精神。与我方形成鲜明对比的是，国民党军队尽管有兵团司令节制，有陆军总司令顾祝同在徐州统一指挥，有蒋介石坐镇南京统筹决策，但各部队之间勾心斗角、尔虞我诈的局面丝毫没能得到改观。

　　1947年3月莱芜战役，国民党李仙洲集团的第七十三军及四十六军两个军七个师共6万余人被我军全部歼灭后，蒋介石再集重兵，攻击我华东解放区，妄图挽救在华东战场的颓势。为确保其战役企图的实现，蒋介石出动了号称"五大主力之首"、卫戍南京的整编第七十四师，以其由淮阴出涟水，进入鲁南之临沂，向蒙阴进攻。整编第七十四师隶属汤恩伯的第一兵团。当时，汤恩伯驻在临沂城，所辖部队共有七个整编师和一个军，其中，整编第七十四师是其"王牌"，担任主攻任务。鉴于莱芜战役的教训，蒋介石指令汤恩伯采取"集中兵力，稳扎稳打，齐头并进，避免突出"的作战方针，又考虑到在莱芜战役中采取南北夹击的部署，使北线李仙洲集团因冒进而被解放军歼灭，提出了"密集靠拢，加强维系，稳扎稳打，逐步推进"的进攻策略。我华东野战军采取"持重待机"的方针，灵活调动敌人。国民党军进入山东一个多月，也未能与我军主力接战，每天只四处乱窜，围绕着临沂在崇山峻岭中被我军耍得团团转。

按照汤恩伯的最初部署，前线的整编第七十四师应配合整编第八十三师（师长李天霞）作战，进出桃圩，掩护整编第八十三师进占界牌，并与整编第十一师协同攻占蒙阴；整编第二十五师（师长黄百韬）则待整编第七十四师占领蒙阴后，由费县进出蒙阴，并指挥整编第六十五师配置于左后翼侧，控制于蒙阴、新泰之间，联系王凌云的整编第九师，待所有部队到位后，再统一前进。

张灵甫对作战方针没有异议，但对让他配合李天霞却难于接受。原来，李天霞与张灵甫的后台老板王耀武是同学，都是黄埔三期的学员，还曾当过张灵甫的上司，比张资格老。但是，因为李天霞为人跋扈，处事狡猾，为王耀武所忌；而张灵甫虽然在作战上有一些办法，但政治头脑比较简单，且性情敦厚，颇得王耀武欢心。因此，在国民党军队进行整编时，尽管李天霞和张灵甫都明确表示愿意到整编第七十四师任职，但王的心里还是想让张灵甫到七十四师。张灵甫在稳稳地控制了王耀武这一票后，还有些不放心，又在南京就近走俞济时的门路，主动上门请其代为周旋。俞济时曾经担任七十四军第一任军长兼五十八师师长，系俞飞鹏之侄，与蒋介石既是同乡又有师生关系而兼瓜葛之亲，自调总统府任第三局局长后，权势日大。七十四军改为整编第七十四师时，俞也有意掌握该师，以进一步增强自己的实力，见张灵甫主动前来，非常高兴，那次谈话也很投机。事后，便向蒋介石力保张灵甫当整编第七十四师师长。王和俞力保张灵甫，李天霞尽管花了很多钱，就任七十四师师长的梦想最终还是落空了。经过这个回合的争斗，张灵甫与李天霞虽然表面上没有什么，但心里的矛盾却非常突出。有了这层关系，让张灵甫听李天霞的指挥，他说什么也放心不下。

当整编第七十四师到达桃圩、蒙阴一线时，张灵甫向汤恩伯请求归黄百韬指挥。汤恩伯知道强扭没什么好处，就同意了张的请求。然而，张灵甫自视甚高，虽然他自己提出配合黄作战，但并不能与黄很好合作，作战过程中也不服从黄的调度。当张灵甫准备进出坦埠时，先派兵力抢修垛庄至坦埠的公路。黄百韬认为这样做会暴露企图，遂加以制止。张灵甫不但不听，反而说："暴露岂不更好，我正是要引匪前来。"

5月13日，整编第八十三师、七十四师、二十五师、六十五师由界牌、垛庄、桃圩、蒙阴之线开始北进，整编第六十四师控制于临沂。当整编第七十四师到达坦埠以南地区时，黄百韬发现解放军主力由蒋峪、悦庄南下，黄百韬即电令张迅速撤退至垛庄、桃圩之线，控制天马岭，右翼紧靠整编第八十三师，左翼接整编第二十五师。张灵甫不以为然，自恃整编第七十四师战斗力强于任何部队，对黄百韬说："找解放军的主力还找不着，现在他们来得正好，让我吸住它。"在其后的部署上，张也是自以为是，退至孟良崮后便准备固守，并放弃了天马岭据点。黄百韬当即指出："你的装备重、车辆多，怎能上得山？山上没有水，你怎么办？"张灵甫哪里听得进黄的良言相劝，引用了其副参谋长劝他时的话说："此虽孤山，但地形险要，我们可以置之死地而后生。"

张灵甫刚愎自用，不听黄百韬的，还有他自己的一套理论，黄百韬也只能任由他去。黄百韬私下里对亲信将领说："张灵甫自视太高，我拿他没办法，但愿他不要成了失街亭的马谡。"然而，这样一来，汤恩伯原定的计划便不能实行了。按照汤恩伯的意图，原准备"以沂水支流为屏障，合第八十三、七十四、二十五、六十五等四个整编师，固守界牌、蒙阴之线，另以七十四、二十五两个整编师各一部，固守天马岭、蛤蟆岭，阵如长蛇，击头则尾应，击尾则头应，击张则首尾之八十三、六十五两整编师从两翼包围，席卷而来，待解放军攻势顿挫，转移攻势"。现在，张灵甫自行其是，打破了汤恩伯的计划，大家都得围着他转了。

此后的行动中，张灵甫不但不听黄百韬的节制，还想让黄百韬、李天霞等人配合他的行动。当七十四师与我华东野战军主力接上火时，他一面指挥部队抗击，一面要求二十五师、八十三师向他靠拢。然而，他未免太天真了，黄百韬还好说，与其结怨甚深的李天霞又怎么能积极挽救他？当七十四师向蒙阴进攻时，整编第八十三师本来担任他的右侧掩护任务，按照蒋介石、汤恩伯的部署，整编第八十三师应当以一个旅（少一个团）进出沂水西岸，确保七十四师的右侧安全。但是，整编第八十三师师长李天霞恨透了张灵甫，他并未按照蒋、汤的命令行动，只令整编第十九旅五十七团（团长罗文浪）掩护七十四师右翼。

整编第七十四师被围后，蒋介石吃惊不小，但他也认为这是与我华东野战军决战的好机会。于是，急令临近部队向张灵甫靠拢。此时距张灵甫最近的是左翼黄百韬的整编第二十五师和右翼李天霞的整编第八十三师。在蒋介石、汤恩伯的督促下，黄百韬指挥整编第二十五师向孟良崮方向拼命攻击，在复浮山、蛤蟆岭、界牌、天马岭一线，与解放军阻击部队展开激烈争夺，企图从桃圩东救出整编第七十四师。15日上午10时，黄百韬以本师第四十旅两团的兵力，在飞机大炮掩护下，分三路猛攻解放军界牌阵地，前后发起四次冲锋，均被击退。16日晨，黄百韬又以本师第一〇八旅全部、第四十旅一个团以及整编第六十五师的4个营的兵力向东增援，拼死攻打，在付出重大代价后，终于攻占了三山店、交界墩、界牌等地，接着又向隔开孟良崮与外界联系的最后一道山——天马岭发动攻击。然而，就在黄即将得手之际，解放军的增援部队及时赶到，打破了黄百韬救出张灵甫的梦想，黄终于未能跨越天马岭。16日下午4时，整编第七十四师被全歼于孟良崮，黄百韬害怕遭受同样的命运，赶紧命令部队后撤。

李天霞可不像黄百韬那么卖力气。12日黄昏，七十四师由蒙阴南撤至垛庄东孟良崮山地时，李天霞部五十七团团长罗文浪接到张灵甫电话，问他沂水西岸是哪支部队。罗文浪不敢直说，只是支吾其词。张非常愤怒，说："你们搞的什么名堂？现在右翼出了毛病，我们有一个旅没有下来，共军大部已过了河，形成包围。我已向国防部告了状，出了事，你们要负责任。"暴躁归暴躁，发火归发火，但大难临头，他知道这不是他要威风的时候。于是，又以比较缓和的语气说："霞公（指李天霞）是我的老长官，他上次受了处分（指在苏北作战失败，李受到撤职留任处分），我心里也非常难过。他现在又来耍滑头，希望你告诉他，要以党国大局为重，赶快设法补救。我只等五十七旅撤下来，站住脚就不怕了，消灭了解放军的主力对大家都有好处。"

张的这些话，罗文浪当时没有向李天霞转达，他很清楚李的想法，即使是马上把张的话告诉李天霞，李也不可能采取什么积极措施。另外，他也有他的想法。罗文浪本不是李的旧部，他所带的这个团是在苏北曾经两度被解放军歼灭的残破部队，其中的第三营还是由伪军改编补充的。苏北失败后，该团前任团长被俘，无人收拾残局时，李天霞才命师参谋长罗文浪接任团长。当时，这个团装备不全，士气低下，是全师战斗力最弱的。然而，自进入山东以后，李总是以这个团打头阵。李天霞想的是：纵然这个团再打没了，于全师实力无损，而他还可以以顽强作战损失一个团为借口向上面邀功。司马昭之心，路人皆知。李的居心是十分毒辣的，罗文浪哪能不明白？

罗文浪与张灵甫通电话后，又接到汤恩伯的电话。汤询问垛庄的情况，说："据飞机侦察报告，垛庄已有敌军，究竟如何？"罗说："垛庄并没有敌军，现在驻的是七十四师的辎重营和通讯营，我刚才还和七十四师通讯营廖营长通过电话。"汤恩伯又说："请你转告七十四师，垛庄一定要派步兵确实占领。"罗文浪当即把汤的意思转告了七十四师副师长蔡仁杰。然而，此时的七十四师后撤已经非常混乱，根本无力顾及垛庄，只将部队摆在了孟良崮一带山地。

12日晚9时许，罗文浪接到李天霞的电话，询问前方情况。通话快结束时，李高深莫测地对罗说："夜间作战要多准备向导，特别注意来往的道路，要多控制几条。"罗文浪不明白李的意思，然而还没等他问个究竟，李又说："你是很机警的。"罗不问了，他全明白了，这是李在向他暗示，意思是说，一旦有战斗就叫他率部后撤。

然而，李天霞就是李天霞。他很清楚张灵甫的七十四师在

ZHONGWAIZHANZHENGCHUANQICONGSHU

蒋介石心中是什么分量，他不愿看到自己的部队受损，但也不愿使自己在战后处于不利境地。在和罗文浪通完电话十几分钟后，他又通过十九旅杨旅长向罗文浪转达命令，指示道："五十七团占领现阵地，要确保七十四师右侧安全，并归七十四师师长张灵甫就近指挥，除电张师长外，特令遵照。"两个电话的内容显然是矛盾的。罗文浪不知道该怎么办了，他把李天霞刚才电话中的指示向杨报告。杨也不敢决定，叫罗直接向汤恩伯请示。罗好不容易才接通了汤恩伯的电话，汤没等他说明白就作了回答："所有部队都不许动，我已令各师分途进击。"罗文浪为难了，显然，李天霞给他出了个没办法解决的难题。李天霞一方面公开下令叫他归张灵甫指挥，一方面又用电话暗示他后撤。很明显，这是李的花招，一旦出了问题上面追究责任，李必然要以他为牺牲品。想到这里，罗知道只能自己决定自己的去向了，他决定尽一名军人的责任。

其后的战斗中，罗文浪的部队没有撤退，最后与张灵甫的七十四师一道被解放军歼灭，而他自己则成了众多俘虏中的一员。

5月14日清晨，解放军完成了对整编第七十四师的分割包围，七十四师陷入绝境。李天霞的整编第八十三师，不但没有向七十四师接近，反而率先向青陀寺方向撤退，靠近整编第六十四师，以图自保。华东解放军乘机逼近，以约两个纵队的兵力迂回蒙山西南，直向界牌、桃圩的后方围攻，使得准备靠近张灵甫的整编第二十五师、第六十五师的左、后、右三方面均受到威胁。那些部队想接近张灵甫更困难了。16日下午4时，整编第七十四师被全歼于孟良崮。

张灵甫临死之前，伙同指挥所里的一群军官制造了一场尽忠闹剧。5月15日夜，华东野战军发起总攻，强大的炮火轰击过后，解放军从四面八方向孟良崮攻来。七十四师只剩下几个山头，仍在负隅顽抗。第二天下午2时，整编第七十四师全线崩溃，师、旅、团、营全部失去了通信联络。张灵甫见败局已定，便先用无线电台向蒋介石报告，诉说友军见死不救，尤其是"李天霞没有遵照命令派出部队掩护右侧安全，乃为失败的主因"，还将指挥所里副师长以下、团长以上的军官姓名报告蒋介石，说要"集体自杀，以报校长培育之恩"。

张灵甫话虽说得刚强，行动起来却不果断，副师长以下的其他国民党军官更是不甘心就此"杀身成仁"。正当他们吵吵闹闹作不出决断时，解放军战士已经冲到了洞口。洞里的卫士负隅顽抗，解放军战士随即用冲锋枪、手榴弹还击，尔后顺势冲了进去。混战中，张灵甫与一些军官当即被打死，未死的不再反抗，高举双手做了解放军的俘虏。

"王牌军"整编第七十四师被歼，黄埔系大哗，蒋介石亦十分恼怒，痛心疾首地说："孟良崮的失败，是我军剿匪以来最可痛心最可惋惜的一件事。"王耀武表示："对七十四师之失，有如丧父之痛。"蒋介石痛恨黄百韬、李天霞等未能救出张灵甫及七十四师，遂召开军事检讨会查究责任。黄百韬为保全自己的头颅，主动找到汤恩伯，声称一切责任由自己一人担负，与汤无关。汤恩伯此时正苦于无法交代，见黄自愿承担责任，深深为之感动。在蒋介石召开的检讨会上，极力为黄洗刷，力陈张灵甫不听指挥，骄傲自大，自作主张，才招致全师覆没的后果。同时，顾祝同为顾全自己的面子，在会前就指示黄百韬，到会上大胆报告当时张灵甫违抗命令、擅自行动的情形。黄经充分准备，在会上侃侃而谈，义愤激昂地演讲了两小时之久，并谎称自己部队伤亡人数达 16000 多名。黄的演讲有理有据，听者无不为之动容。就这样，黄最后只得了个撤职留任的处分，免去了一场杀身之祸。李天霞素来"善于收拾败后残局"，这次也不例外，经过多方努力，最后也只受了个处分。

乱枪击毙张灵甫

华东野战军与国民党军队激战数日，至 16 日，全歼了蒋军号称"五大主力"之首的整编第七十四师，其师长张灵甫也一命呜呼，命丧黄泉。

"运输师长张灵甫，工作热情又积极，运武器，送弹药，慰问我参战野战军……蒋介石的'大红人'，你替狗卖命见阎王……"5 月 16 日，时值黄昏，解放军战士扛着战利品，押着俘虏，一路哼着小调一队一队地走下山来。

此时，设在山下的华东野战军第四纵队司令部指挥所里仍在忙碌着，接线员频频接到各部队打来的报捷电话，参谋人员忙于统计我军伤亡情况和各部队战绩。据一线部队打来的电话称："张灵甫自杀了！张灵甫自杀了！"听此消息，指挥所里人头攒动，指战员们奔走相告，拍手称快。被陶勇司令员称为"小白脸"的保健医生盛政权也情不自禁地狂呼着："噢——，打胜仗了，张灵甫自杀了！"然而，有一个人没有激动，他就是四纵队司令员陶勇。

"是自杀吗？"当战斗前沿报捷的电话又一次打来时，陶勇一把抓过电话，紧锁双眉，操着浓重的安徽霍丘口音大声询问。

"报告司令员，是俘虏讲的。"听司令员问得严肃，电话那头未敢肯定，只是说出了消息的由来。

大家见司令员一脸凝重，没有丝毫高兴的样子，也都一下子静了下来。喧嚷的指挥所像突然被冷冻了一样。

陶勇司令员没有多说什么，在指挥所里走来走去，一支接一支地抽着香烟，室内烟雾腾腾。

盛政权跟随陶勇当保健医生多年，他知道首长的脾气，心情好时，幽默风趣，爱下棋

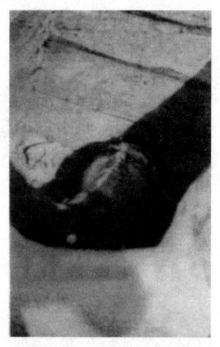

被击毙后的七十四师师长张灵甫

遛马，待人也温和可亲；心情不好时，耷拉着脸，稍有不顺便会骂人训人。

看着司令员沉默了，大家谁也不敢吭声，但心里总在嘀咕着："仗打赢了，张灵甫也死了，首长还有什么不满意的呢？"

"备马，我要去看看张灵甫的尸体！"

夜幕渐渐降临，又暗又湿的司令部指挥所，闷得让人直发慌。"哒、哒、哒"，陶司令来回踱着步，数十双眼睛盯着他来回转动，谁也不敢随便发言，室内空气几乎凝成了一团。

"警卫员，备马！"陶司令将手中的半截烟摁灭，再次粗声粗气地命令着："去600高地，寻找张灵甫的尸体！去看看'自杀'的张师长。"

"是，集合！"警卫班长答应着，随即立正行了个军礼。瞬间，警卫班20多人齐刷刷地站成一队，准备随司令员出发。

"马夫老吴，医生'小白脸'（盛政权皮肤较白）随队出发，再在当地找个熟悉地形的向导！"陶司令又下了一道命令，大家按他的要求迅速做好了出发准备。

一会儿工夫，小分队出发了。战斗刚刚结束，谁也说不准哪里会有残余的敌人，为防止意外，警卫班的战士们簇拥着陶司令员前行，盛政权左背急救包右挎药箱紧紧跟随队伍，一行人很快消失在夜幕中。

从山下的第四纵队司令部指挥所至孟良崮，直线距离约8千米。雷雨过后，天空依然乌云密布，夜色朦朦胧胧。山坡上到处都是弹坑、死尸、死马，有些尸体已经放了几天时间，开始腐烂发臭，阵阵臭味袭来，直让人觉得恶心作呕。陶勇骑着他那匹枣红马走在队伍中间，前后是全副武装的警卫战士，左右是两名随身警卫，老吴牵着马，盛政权走在队伍最后面。

在向导的指点下，队伍抄小道赶到孟良崮。光秃秃的孟良崮山坡上，躺满了横七竖八的敌军尸体，随从人员到达山顶后，迅速散开行动，搜寻张灵甫的尸体。约一刻钟后，一名警卫在一个被炸毁的发报机旁发现了一具身穿将官制服，面部朝上背朝下躺着的尸体，当他取下其胸章时禁不住大叫起来："找到了，我找到了！"随后，他将写着"中将张灵甫"的胸章交给了陶司令。

张灵甫的尸体找到了，大家轻松地喘了口气。骑在马背上的陶勇司令员悠闲地点了一支烟，接过胸章看了一眼，然后严肃地命令盛政权道：

"小白脸，为张灵甫验尸！"马背上的陶司令员语音铿锵有力，声震山谷，打破了万籁俱寂的黑夜，仿佛是要向这片山谷说明什么。

验尸，不是医治伤员，盛政权担任保健医生以来，还是第一次接受这种任务。躺在盛政权面前的死者是国民党赫赫有名的中将师长，陶司令员要他把张灵甫的死因查个明白，他不免有点紧张。

"小白脸，能为大名鼎鼎的张灵甫验尸是你的'荣耀'！"陶勇司令员好像已经知道了结果，心情渐渐好起来，半认真半逗乐地对医生说着，随后又以严肃的口气补上一句："责任重大，验尸结果要向世人公开哟，不可马虎啊！"

"首长放心，保证完成任务！"盛政权坚定了信心，操一口江苏东海口音回答道。

四名警卫员协助保健医生验尸，四把手电筒将尸体周围照得通亮。张灵甫尸体头朝山头、脚向山下躺在山坡上，身着一套美式将官制服，头戴大沿帽，身体魁梧，四方脸，浓眉毛。手电筒的照射下，张灵甫硬邦邦的尸体活像一条死去的大鲨鱼，一动不动地躺着。

盛政权静下心神，开始一丝不苟地验尸。他首先检查头部，发现除左面颊擦去一块皮外，其他无伤痕。当他解开张灵甫胸前纽扣时，发现其前胸有两个枪眼，枪眼从前胸直透后背，可以想见，子弹是直穿前胸从后背飞出的。这两枪是张灵甫的致命伤。盛政权反复检查枪伤，根据经验，他判断这两枪不是手枪子弹造成的，而是冲锋枪或者步枪从近距离射击而形成的致命贯通伤。盛医生再仔细查看枪眼大小，觉得符合我军战士使用的冲锋枪口径。看到这里，他直起身来，周围的同志们用期待的眼光看着他，等待他宣布验尸结果。盛政权没有急于下结论，几分钟后再次俯下身子。这次他没有查看伤口，而是用鼻子嗅了嗅张灵甫的上衣，然后站直身子直接走到陶勇跟前。大家知道，盛政权已经有答案了，便静静地等着他向司令员报告。

"怎么样？"陶司令员不紧不慢地提出了问话。

"可以肯定，张灵甫不是自杀！"盛政权信心十足地说。

"说说你的理由。"司令员以轻松的口气追问一句。

盛政权开始有条有理地回答，他说："理由有三：第一，通常，人们自杀一般都用手枪打太阳穴，而张灵甫头部无枪伤；第二，退一步分析，就是张灵甫当胸开枪，也难以连发两枪形成两个枪眼，况且，如果他当胸开枪，衣服上应该有火药燃焦的味道，现在却没有；第三，从伤口的枪眼分析，不可能是手枪射击造成的，张灵甫不会用枝冲锋枪来自杀。从以上理由可以断定，张灵甫决不是自杀，而是被我军战士乱枪击毙。"

盛政权说完，陶司令满意地点点头："好，你的结论符合我的判断。我说他不会自杀的。他想突围逃命，才落得这个可悲的下场。该死，他该死！"

"报告司令员，发现一本军官证和一张照片！"一名警卫从张灵甫内衣口袋搜出两份遗物。

陶司令接过一看，军官证外部血迹斑斑，但夹在里面的张灵甫照片完好无损，幽默地说："军官证上交，这照片嘛，'小白脸'验尸有功，就留着'纪念'吧！"

盛政权借着手申的光亮细看照片，发现这是一张一寸的张灵甫免冠照片，照片虽有点模糊，但仍能看出张灵甫的将军风度。看完后，他随手就想将照片扔掉，陶司令员及时制止了他，说："留着吧，以后也许会用得着。"听司令员这么说，盛政权将照片包好放入了急救包里。

当晚 9 时许，原班人马顺利返回四纵队指挥所，陶勇当即将验尸结果电话上报野战军司令员陈毅同志。陈毅司令员非常高兴，称赞陶勇他们做得很好，很及时。

整编第七十四师的全军覆没及张灵甫的死亡震撼了国民党反动统治的内部。蒋介石痛心疾首，气急败坏，惊呼："真是空前大损失，能不令人哀痛?!"为稳定军心，提升士气，国民党对张灵甫大加颂扬，并撒起弥天大谎，称："灵甫见大势难支，乃召集各部长官至山岩指挥所当众宣示:'战局已无可挽救，自身决心以死报国，成我军人气节。'然后率部属从容举枪自杀成仁……"云云。几日后，蒋介石在写《痛悼七十四师》电文时还说，七十四师"饮水断绝，粮弹绝尽，全师孤立，四面受敌，即在阵地相率自戕者计有师长张灵甫等高级将领 20 余人，悲惨壮烈"。真是一派胡言!

经战后查对，盛政权的验尸结论完全正确，张灵甫是被六纵队特务团乱枪击毙的。16 日下午，按照陈、粟首长的指令，五个攻击纵队从四面八方向孟良崮 600 高地发起了最后围攻。六纵特务团何凤山副团长带三连冲到孟良崮西坡时，发现一个小山洞口外有几具卫士模样的尸体。何副团长判断，此处可能是张灵甫的指挥所，即令三连指导员邵至汉与战士一起高喊:"张灵甫快投降!"一梭梭子弹应声射向洞外，邵指导员和几个战士中弹当场牺牲。这可激怒了三连的指战员，手榴弹、机关枪一齐投射入洞内，张灵甫被乱枪击毙。

数日后，新华广播电台和延安的《解放日报》根据盛政权的验尸结果和六纵队的报告，向世人报道了张灵甫被我人民解放军击毙的消息，从而纠正了张灵甫自杀的错误说法。

人民军队爱人民

纪律是军队的生命。古今中外的军事家、军事理论家都懂得这一点。但是,人们通常只注重战场上的纪律,至于军队是不是要有严格的群众纪律,是不是要对人民群众的生命财产真正负责,甚至做到秋毫无犯,受军队性质和指挥员素质的制约,不同的军队有不同的考虑和表现。我军是一支全心全意为人民服务的人民军队,自建立之日起就不但强调战场上一切行动听指挥,而且特别强调不拿群众一针一线,以人民群众的根本利益为自己的最高利益。我军的群众纪律是建立在广大官兵高度自觉遵守基础上的钢铁纪律。

孟良崮战役前后,华东人民解放军在极端艰难困苦的情况下,恪守群众纪律,赢得了民心,鼓舞了士气,受到当地群众的高度赞誉,堪称遵守群众纪律的楷模。

蒙阴汶河两岸的庄子家家养蚕。1947年谷雨以后,桑叶渐渐肥大,蚕子

我军给贫苦百姓分粮

也孵出来了，百姓们很高兴，看着白白胖胖的蚕宝宝，想着今年可以有个好收成了。可正是这个时候，蒋军进攻到了汶河南岸，群众为了活命不得不出去逃避。他们的小蚕没法带走，只能眼含泪水把蚕撇在家中。

一天，华东解放军某部来到汶河北岸坦埠区的颜庄驻防，一名战士到百姓家中借东西时，发现那些小蚕都快要饿死了。他回去后赶紧报告了连队领导。连队领导听此消息也很焦急，可战斗即将开始，任务本身已经很紧张了，还能抽出人手照顾这些小蚕吗？怎么办？连队领导犯了嘀咕。

为这事，连队领导专门开了个会，几个领导一合计，觉得那些小东西是当地群众的主要财源，不能白白地损失掉，应该派人帮助照看。这个任务最后交给了有养蚕经验的通讯班长张世荣。连队领导考虑到张世荣一个人可能忙不过来，在班长会上，指导员郑重其事地对大家说："张世荣现在担负了一项特殊任务，就是帮助群众照顾小蚕。这个任务完成得好不好，直接影响到群众的生活，也影响到军民感情，大家都要积极协助他工作。"

为了看护好小蚕，张世荣搬到了老乡王焕清的家里住。此后，不管工作多么忙，他都牵挂着那些蚕，即使是他随着营长上山去看炮位的时候，也没忘了采回一筐桑叶。战士们也都关心着蚕的生长。

在张世荣的组织和指导下，战士们采来最鲜最

妇女们正在赶做军鞋

肥的桑叶，清理得干干净净的，喂养小蚕。张世荣照看蚕很细心。他给蚕喂食时，把桑叶撕碎了，细心地铺在干净的匾上，再找根鸡毛，轻轻地把破匾里快要死的小蚕从桑叶上轻轻地刷下来。这样，给一匾蚕喂食就要用上十几二十分钟，他每天都要给几十匾蚕喂食四次嫩桑叶。在张世荣和战士们的照看下，小蚕很快恢复了生机，一天天长大了。

蒋军被打退以后，颜庄的群众陆续回来了。消灭了蒋军，群众都很高兴。可是，他们万万没想到，还有使他们高兴的事等着他们。他们的蚕不仅没有死，而且多了，长大了。王焕清12岁的女儿珍妮子看到长得好好的蚕，跳着脚向爹娘报告："蚕没有死，蚕没有死！解放军叔叔给咱喂得怪好。"珍妮子她娘也很感动，她要求张班长再在她家里住上一个月，好等蚕拉了丝，结双丝袜送给这位帮百姓家养蚕的班长。

可是，部队要打仗，要马上行军。乡亲们知道挽留不住。战士们离开那天，群众早早地走出家门，依依不舍地送了一程又一程。珍妮子捡了一匾蚕，一定要送给张班长，说是要让他带上喂，算是对他的报答。张班长死不肯要，她只好作罢。村妇联主任流着眼泪对连队领导说："真要谢谢你们了！我家的蚕都让你们给喂大了、养多了，有十多张席，能结百多斤茧，抵上全村半季的庄稼呢！"

孟良崮战役后，有这样一个感动人的小故事，在当地群众中广为流传。

某天中午，华东解放军某部刘杨支队某部一连开饭了，炊事员给大家准备的是地瓜小米稀饭。饭刚刚烧好，滚烫滚烫的。大家刚把饭盛到碗里，集合的哨子便急急地吹响了。原来，敌人占领了前面的梯子山，部队必须马上转移。大家看着满缸稀饭干着急，没时间吃了，只好饿着肚子上路。

一路的急行军，部队赶了几十里路，天快要黑下来时走到了西岭庄，部队准备在这里过夜。那是一个小山庄，只有五户人家。炊事班知道大家都饿着肚子，就想找老乡买些吃的，好给大家再凑合顿饭吃。可是，乡亲们都躲出去了，户门敞着但找不到一个人。

一位炊事班战士在找老乡时，发现有一家的炕上放着一篮红枣，因为老乡家里没有人，他没有动红枣就退了出来。当全连在村子里休息时，那位战士说出了自己的发现。消息很快在战士们中间传开了：

"一篮红枣！有一篮红枣！"

大家争着问有没有老百姓，可是回答是令人失望的："没有！"不知是谁，靠在墙边惋惜地自言自语："唉，太饿了，要能买点吃吃多好！"战士们知道，群众的东西是不可以随便取用的。

解放战士林山通不相信大家都能坚持住，乘着休息的空当儿，专门跑去瞧了一瞧。红枣满满的一篮放在那里，有三只皮色发黑的烂枣，恰巧排成了一个三角形。他暗暗地记下了红枣的位置。

全连指战员都没能吃上晚饭，就这样在村子里过了大半夜。

后半夜，部队又要出发了。临行前，林山通被一种强烈的好奇心怂恿着，再次去看了看那一篮红枣。火柴划亮了，红枣还是那么安静地放在炕上，满满的，那三只烂枣还是排成一个三角形。他服了：都说解放军的纪律好，真没想到能好到这种地步，难怪老百姓都爱护解放军，支持解放军；想想自己在国民党军队时的所见所闻，两支军队两重天啊！

某部一连奉命担负阻援任务，他们挖筑战斗工事时，铲掉了群众的一块麦地。临走时，他们千方百计地找到了麦田主人，主动提出赔偿铲掉麦田给群众造成的损失。麦地主人拒绝接受，并表示说："不打倒反动派，我们种了地又有什么用？什么也留不下。为了打败敌人，你们流血挂花都不怕，挖我们点地算什么，哪里用得着赔了?!"连队指导员说："照价赔偿是我军的纪律，必须执行，否则我没法交代。"战士们再三劝解，老乡就是不肯接受，最后，战士们没有办法，给麦地主人偷偷留下500元北海币就走了。这个连队的三排作战时，使用了群众的一些木板、麻袋，战后统一组织向群众归还；对于损坏的物品，也认真进行了作价赔偿。当地群众深受感动。

　　为调动敌人，孟良崮战役前，华东野战军各部队曾长时间在山区周旋、行军，随队民工也肩担背负地随部队转战。行军途中，某部二营炊事班长见群众给部队输送粮食的毛驴负担太重，为了给群众的毛驴减负，他主动拿下几十斤的物品，放到了自己的背上。牵毛驴的民工看不过去，就说："放上去吧，这只是一头牲口而已，哪就那么值得娇贵了？"炊事班长却说："俺也曾是个农民，知道牲口的重要，你就别劝了。"

　　某部六连在行军时，找了一个老大爷做向导。半路上，战士们见老人行走吃力，就派几个战士抬着他走。这位老大爷感慨万千地说："不久前我也曾被中央军捉去带路，我走得慢时可是被打着走的呀！"

　　垛庄一带，是孟良崮战役中的一个重要战场，战役过程中六纵某部一连曾在这里驻防。一连长途行军后来到这里，战士们劳累不堪，食欲也很差。由于路途消耗，到战士们住下时，炊事班已经是无油无菜了。当时，尽管当地群众都躲避战事外逃了，但群众家里地里也还有一些食油蔬菜，但战士们忍着无油无菜食物难以下咽的痛苦，就是不肯擅自从群众家中取用，一直等到战斗胜利结束群众返回时，才出价购买。为解决群众缺粮的困难，他们还派出慰问组，携带自己都舍不得用的白面、大米慰问群众，并向群众面交粮票、草票，宣传胜利消息。

像这样关心爱护人民群众的故事，在战役前后不知道还有多少。子弟兵的行动，群众看在眼里，记在心里。他们以更加积极的行动支援解放军作战，打击蒋军。

蒋军恶行罪滔天

与我人民解放军关心爱护人民群众形成鲜明对比的是，蒋军所到之处祸害百姓，无恶不作。

有这样一个庄子，在我军北上时被敌人占据了七八天，直到我军南下，敌人才慌忙离开了。解放军战士们再回到那里时，怎么也不能想象，好好的一个村庄，就在这七八天当中，变得一片狼藉。

屋顶拆了，院子和院子都打通了，大小树木一概被砍光，鸡毛遍地，猪栏里外都是血。到战士们赶去的时候，还有些猪头、猪爪子扔在街中央，一口锅里还煮着四五只刚出生 20 多天的小猪。大家找遍全庄，所有喘着气的东西，就只剩下一只癞狗。可能是蒋军嫌这条狗太过肮脏，没有杀。西街上的一溜屋全烧了，只剩下断壁残垣张口朝天。一些刚参军的新战士没有见识过蒋军的恶行，虽然平常也知道蒋军残暴，待亲眼见到时，才明白什么叫百闻不如一见。战士们亲眼看到这般惨相时，内心激起了无比的仇恨！

晌午的时候，山上下来一个老大娘。她是全村唯一一个没逃走的人，这几天躲在附近的山沟里。战士们纷纷走上前去，问这问那。老人家眼泪纵横地告诉大家："蒋军没有不祸害的，就是为他们做事的人也不放过。头两天有家地主寻思没事，跑到半路又回来了，结果媳妇给糟蹋了，老头被打了，好东西全部抢走了。这一家这才尝到'中央军'的好处，没死的半夜里跑出去找本村的兄弟爷们儿去了。"她停一停，擦擦眼泪接着说："我 60 多岁了，那天被蒋军发现，叫我带着去刨窑子找粮食，我不肯去，他们就用皮鞋朝着我的腰部狠狠地踢了三四脚，我当时就软瘫在地上不能动了，第二天才勉强能站起来。"一名战士见老大娘哭得伤心，递上水壶让她喝口水。大娘喝完水后又说："有一天，蒋军不知从哪里抓来一个老百姓，先是百般毒打，逼他说出民兵活动的地方，那人始终不说，他们就从庄里找来一些旧棉花套，紧紧地裹在那人身上，然后点着了火，可又不叫起火苗，就是用这种阴火烧着那人的身子，那人惨叫了半个多小时，就再也叫不出来了，又熬了三四个小时，就这样被活活地痛死了。"

战士们听他说了这些话，也都流出了眼泪。他们咬牙切齿，痛骂蒋军。新战士叶永祥一把抓住郭继琳，说："班长，我早听你们说老蒋怎么怎么不好，总是信一半，疑一半。我想，中央军总不能比鬼子还孬。到这里一看，这才知道真就是比鬼子还孬。我的思想这一回是通到底了。我现在是真下决心了，得和老蒋干到底！"

老大娘这时也止住了哭声，对战士们说："真得拼呀！你们在外面打仗，一定没少流血流汗，可是，你们想想，什么苦也比不了蒋军欺压过来的这个苦呀！"

当夜，部队在这个破烂不堪的村子住下了。那位老大娘忘了自己的伤痛，见到一些战士的衣服鞋子破了，便从怀里摸出一个小包打开来，拿出一大块新布、针线，就要给战士们缝补。战士们不肯，老大娘说："你们还讲什么客气，只要打败蒋军，什么都拿上我也是心甘情愿的。别说这一点布了，要我拿出这条老命来我也是愿意的。你们先自己用这块布凑合着，一会儿我再上山给你们找一些麻来钉鞋。"战士们休息后，她果真就挂着拐棍向山里走去了。

这个村子受的破坏还不算是最严重的，还有一个地方，蒋军过后就仿佛被瘟疫洗劫过一样。

那里原本是解放区的管辖范围，是一片繁荣的山区。优越的自然条件加上人民的辛劳，山村变得又美丽又富饶。夏秋时节，梨子黄了，苹果红了，肥大的柿子把树枝压得打弯儿，再加上那远近驰名的烟叶、蚕丝和满山肥壮的牛羊，使得那一片山区变成了聚宝盆。

但是，这一切就在蒋军进犯中像一场噩梦般地改变了，令人不堪追忆。孟良崮战役前，蒋军占领了这片山区的几个小山村，从此灾难的阴云便笼罩住这片富饶的山区。

蒋军对人民的欺压掠夺极其凶残。他们抢走了所有的牲畜、粮食。为了活命，群众把少许的粮食藏在身上，但这样也免不了被他们"搜身"搜走。而且，蒋军一旦搜到谁身上有粮食，就要把谁活活打死。最后，百姓们实在没有办法了，就把粮食拌在粪土里，想留下一点儿，好作为来年播种时的种粮，但这样也不行。蒋军发现后，逼着群众用清水洗出粮食来上交。就这样，拌在粪土里的粮食也被他们"随洗随征"地抢走了。蒋军见粮食就拿，见东西就抢，把房舍拆了去盖碉堡，果树砍了做鹿砦。除了轻的不拿鸡毛，重的不拿碾头以外，几乎什么都抢光了，不长时间便把一片本来富饶的小山村折腾得变了样。

有毛的、能跑的就剩下老鼠了。一些中途逃出去的群众满腔悲愤无处倾诉，借歌谣来抒发自己的愤激："见了刮民党，虚汗满身淌；碰着中央军，一命见阎王。"

最后，几个小山村的百姓，年轻的都被抓了丁，不愿去的都被枪杀了。剩下一些老弱病残的，因为没有粮食，也都被活活饿死了。当我们的部队再回到这里的时候，都不敢相信这就是那片曾经富饶的土地了：庄稼和果树都没有了，勤劳的百姓不见了，连鸡狗都找不到一只活的，村子里到处是死尸，空气中弥漫着浓烈的腐臭味。

蒋军的恶行像一堂堂生动的政治课，教育和激励着我军官兵。这就难怪我军将士上阵杀敌时奋不顾身，难怪许多蒋军官兵一到解放军这边便像换了一个人一样的英勇善战！

ZHONGWAIZHANZHENGZHENGCHUANQICONGSHU

爆破大王左太传

　　毛泽东主席曾经深刻地指出：兵民是胜利之本。意思是说人民群众中蕴藏着巨大的战争潜力，动员群众，依靠群众，军民结合，互相配合，就可以取得战争的胜利。生活在和平时期的人们很难领会这句话的深刻意义。然而，在战争年代，民众对我军的支持的确是体现在方方面面。他们不但对军队的吃、穿、住、行提供支援，而且还拿起枪杆子，协助军队作战。孟良崮战役期间，地方武装和民兵积极开展对敌斗争，涌现出许许多多的英雄人物和优秀的民兵队伍，鲁中军区的左太传爆破队，便是许多优秀地方武装的一个代表，其事迹尤其引人注目。

　　左太传，一个地地道道的庄稼汉子，为人厚道、诚实，不善言谈，农闲时喜欢做些石工、木匠之类的活儿，手艺不错。鲁中军区成立爆破队时，他成为一名爆破队的领导。从此，这个平时不善言谈的庄

民兵进行投弹训练

稼汉，在对敌斗争中表现出了高超的智慧。

爆破队成立之初，一群庄稼汉聚在一起，谁也不清楚仗该怎么打，更不知道怎样使用地雷作战。为此，鲁中军区领导专门组织了爆破技术和战术训练，在训练将结束时，还组织了爆破组进行埋雷表演。各爆破队表演了埋雷作业。表演中，那些个平日里老老实实的正经庄稼汉把埋地雷玩出了百般花样，表现出了非凡的才智。

表演开始后，第一个爆破队首先上场。一队爆破队队长是个黑脸膛、络腮胡的汉子，一副猛将张飞的样子。随着鲁中军区武装部长宣布开始的号令，黑脸队长喊道："连环雷，梅花阵！"几个队员挖的挖，埋的埋，动作非常熟练。地雷埋好后，黑脸队长从褡裢里（长方形的口袋）掏出牛蹄子、羊蹄子，在埋雷的新土上印上蹄印；又掏出小孩鞋底、妇女鞋底，印上鞋印；最后还撒上牲口粪，做得真是毫无痕迹。大家看了都十分欣赏，有人不禁称赞道：

"猛张飞粗中有细，真有两下子，这回保证敌人发觉不了。"

左太传爆破队表演村内布雷。只见他们把地雷埋到大路两旁，不埋在路中间；埋在水井周围，不埋在打水的道上；埋在门槛里边，炕沿下面……大家不解，问左太传为什么埋得零零散散没有一点规矩。他说："这叫敌变我也变。敌人挨一回炸，肯定要多一个心眼，咱给他们来个虚虚实实，真真假假，出其不意，炸其不备。"还没等大家说什么，左队长接着说："咱们地雷不多，每一颗都要派上用场，不能浪费。所以每埋一颗都应该有埋的理由。"大家说："呵，没看出来，这个左太传平时话不多，今天可是说了几天的话，而且还真是声声有觉悟，句句有学问哩！"

以后的时间里，左太传率领爆破队积极投身于抗敌斗争，与其他爆破队一道神出鬼没地打击敌人。蒋军整编第十一师北犯、东窜和新五军东犯，经过新莱公路东侧的左太传爆破队的防区时，都付出了沉重的代价。

　　5月8日，蒋军调动兵力进攻卧牛山。蒋军行军途中经过左太传爆破队的防区，左太传率领队员们不但埋地雷轰炸敌人，还采取避敌主力、击其小股的办法，隐蔽中突然地用手中的轻武器打击敌人，配合地雷作战。蒋军小部队行军时，说不清什么时间、什么地点，队列中就会有人受左太传爆破队的冷枪袭击而受伤倒地。一次，一群蒋军官兵外出执行任务，行军途中为了躲避射来的子弹，看到半截碉堡就迫不及待地想钻进去，然而，前面的刚走到入口处，就踏响了左太传他们埋下的地雷，随着声声爆炸，十几个敌人被炸上了天。后面的敌人掉头就跑，游击队埋伏的射手瞄着敌人狠打，又有几个敌人中弹倒地，余下的到处乱窜，连续又踏响了几颗地雷。12日，蒋军大队人马北犯。左太传爆破队早就做了准备，在敌人必经的山路上埋了十几枚地雷，敌人一到这里就被炸得血肉横飞。敌人多次遭袭后，被打得心惊肉跳，因恐惧再也不敢分散外出，大队行军也只能小心翼翼地缓缓行进。

　　然而，不管敌人怎样小心，还是不能逃脱左太传他们的地雷和冷枪袭击。为了保证埋雷效果，左太传经常组织大家开诸葛亮会。一次，上级通报说敌人要来，左太传组织大家商量埋雷的事。他说："大家出出主意，这地雷都该在哪里埋？谁的办法好，主意强，就听谁的。"左太传话音一落，大家就你一言我一语地说开了。

　　第一个发言的是肖老汉，已经50多岁了。老肖吧嗒着小烟袋锅，慢条斯理地说："报告！我说一条，大家评评行不行？叫我说，咱们在东门里第一家门板底下埋一个！"

"为什么？讲讲你的理由。"大家说道。

"为什么？你们想，咱先在街上挖条沟再泼上水，敌人来了人马要进村，路不好走就得找个门板搭一下。他如果去卸门板，咱们的地雷就可以派上用场，还不干净利索地炸倒他三五个？"

左太传高兴地说："好，就这么办！大家接着说。"

左太传一表扬，人们更活跃了，紧接着又说出几个埋雷的地点，大家一一商定了下来。看着别人都提出了自己的意见，队里年龄最小的小鼓手坐不住了，站起来喊："我提议——"可还没等他说完，就有人开了口："你可不是要乱搅和吧？"小鼓手狠狠地瞪了那人一眼，绘声绘色地说："我提议在咱们队部的鼓底下埋一个。敌人看见鼓，一生气，喥的一脚……"

旁边又有人打断他，说道："净凑热闹，你怎么知道敌人见了鼓就会生气？"

"这，这好办！"他把红绸子鼓槌在脑袋上轻轻敲着说："他不恼，咱给加把火嘛！我已经编好了，在鼓上写：'英雄鼓，英雄用，坏人动，要狗命！'旁边再写上民兵爆破队专用，看他们生气不生气？"

这时又有人给他开玩笑说："计谋好是好，可往后要是敲不上鼓，你可不要再像以前那样哭鼻子。"

"只要炸死蒋军，不敲就不敲！"小家伙红着脸，口气坚决地作了声明。他这话赢得全场一阵掌声。

左太传看别人意见已提了不少，才瓮声瓮气地说："我也提上一条，把街上搭棚子的木杆拆了绑成捆，放在墙根下，在底下埋它几颗。敌人挨了炸，要抬伤兵没担架，肯定要去拿杆子抬人，那时候，保证敌人和木杆一齐飞起来。"

大家纷纷提出个人的意见，你一条，他一条，主意越来越多，越提越细，一个完整的埋雷计划很快就形成了。

正是凭着群众的智慧，左太传爆破队的地雷像有了灵气一样，专在敌人中间爆炸。左太传不但集中大家的智慧巧布地雷，还针对蒋军官兵贪婪好财的特点布雷。一次，左太传在敌人必经的路上埋下大量地雷后，故意放上一个钱夹。敌人经过时，看到钱夹，以为是别人不小心掉的，纷纷向前去抢，结果陷入了左太传他们布下的雷阵，十几个敌人被炸上了天，几十个士兵受了轻重不等的炸伤。

还有一次，他们为了配合主力部队作战，先在敌人必经的一座小镇内外布了雷。敌人进镇后，走到哪里地雷就响到哪里，接二连三的爆炸吓得敌人一天一夜不敢上街。蒋军被炸怕了，为了逃避地雷损伤，部队行军时让扫雷队在队伍前面探雷，在认为可能有地雷的地方都做好标记，后面的部队专拣认为安全的地方走。这一招起了些作用，但左太传他们很快改变了战术，针对敌人的特点又发明了连环雷，不但炸队伍中的敌人，还专门想出办法对付敌人的扫雷队。一次，敌人扫雷队在一座无水的桥边发现了一颗土造的地雷，半截露在地面上，半截埋在土里，立即用白灰圈定，还插了地雷标。后续部

爆破队准备袭击敌人

队安全通过后，走在最后面的工兵排长带着几个工兵走过来，准备拆除地雷，当他将表面的地雷雷管拆除后，准备把铁壳子搬起来时，下面的连环地雷立即爆炸了，当场一死两伤。原来这颗表面地雷是踏爆的，而下面另一颗地雷则是拉爆的，搬动铁壳就等于拉了火线。

左太传用地雷作战越用越顺手，然而，上级配给他们的地雷数量有限，时间不长就用光了。怎么办？左太传动开了脑筋。没有制式地雷就想土办法！经过反复实验，他带领队员们成功发明了多种制作简单、爆破威力巨大的土地雷。如空中雷、坠子雷、石雷、水雷、简易踏雷等，土地雷在随后的作战中发挥了很大威力，震慑了蒋军，使敌人的进犯连连受阻。

敌人对爆破队恨之入骨，为了消灭左太传他们，也曾出动过大批兵力搜剿。然而，不管敌人采取什么办法，总是找不到他们的踪迹。而当敌人无可奈何时，很快就又遭受枪击、雷炸。一次，一伙蒋军途经一个村庄，受到冷枪袭击后，派出一名副官率一个排的兵力进村搜剿。正当敌人搜不到爆破队准备返回时，枪声再次响起，正打中那名带队前往的副官。这伙敌人再也顾不得搜索爆破队，两个蒋军士兵架着副官与其他敌人一道仓皇逃了出去。

左太传他们破坏公路，迟滞敌人的车队也很有绝招。在挖断公路时，他们并不将公路整个挖坏，而是在公路路面上按照蒋军大卡车前后两个车轮的距离，挖出一条条的横沟。敌人车子经过时，前后轮胎同时陷在沟里，两轮被泥土卡住前后转动不得。这种挖法，既能迟滞敌人的车辆，又不影响乡亲们平时走路。

机智勇敢地与敌人作斗争的游击队，在敌后还有很多。像左太传他们一样，段明成、陈金业、陈清业等许多爆破队都取得了很好的战绩。游击队的战斗，不仅直接打击了敌人，还极大地影响了敌人的军心士气，搞得蒋家军队每到一处不敢进大庄，只敢进小庄。据说是发现大庄里都有地雷，小庄要安全些。可是后来，小庄里也不安全了，迫使他们往山上爬。挨打的日子谁也不想过，这样蒋军中开小差的人越来越多。以蒋军进攻山东的三大主力之一整编第十一师为例，该师十一旅三十二团搜索排辛辛苦苦抓来 32 个壮丁，一晚上就跑了 26 个；八十八旅五十二团三营七连稍一移动，15 个人不知去向了；一一八旅输送连停车吃顿饭的时间就有 5 个人开了小差。

左太传他们不但灵活机动地打击敌人的正规军，还不断铲除伪政权，同嗜血成性的地主还乡团进行生死较量。当地有个大地主，外号"大眼贼"，手中有百十号人。"大眼贼"平时仗势欺人，随着国民党还乡之后更是变本加厉，无恶不作。有一次，他在村里抓到一个孕妇，气急败坏之际叫人把她的衣服剥光，吊在树上，在脚下点火炙烤。孕妇羞愤交加，口中不停地大骂。"大眼贼"亲自用战刀剖开了这位孕妇的肚子，取出胎儿，把一大一小两个人活埋了。他的残暴罪行，激起了当地群众的极大愤怒。根据广大人民群众的意愿，左太传他们担起了围歼"大眼贼"的任务。第一次攻打敌人时，由于在捕获敌哨兵时鸣了枪，过早地惊动了敌人，使"大眼贼"和还乡团的头子们都逃跑了。第二次又由于老奸巨猾的"大眼贼"事先得到了消息而没能成功。这下，"大眼贼"更神气了，到处吹嘘，吓唬群众。左太传总结了前两次的教训，向上级提议采取长途奔袭的办法消灭"大眼贼"。他们与其他部队一道，在黄昏时悄悄地包围了村庄。第二天拂晓，随着冲锋号一响，队员们一拥而上，"大眼贼"还没弄清怎么回事，就束手就擒了。活捉"大眼贼"，当地群众拍手称快。

左太传爆破队在对敌斗争中取得了很好的战绩。为表彰他们的功劳，5月25日，鲁中军区司令部、政治部、人武部联合发出嘉奖令，授予左太传"鲁中军区飞行爆炸大王"称号，并记特等功一次，授予该爆破队"鲁中军区左太传爆破大王队"称号，并记集体一等功一次。

子弟兵团建功勋

1947年，在鲁中南战场上，随华东野战军南征北战的有数十万计的支前民兵。这些支前队伍付出的艰辛努力和作出的巨大贡献，有力地保证了解放军取得一个又一个的胜利。陈毅同志曾说过："将来，直到我死后躺进棺材板里，也忘不了鲁中的支前子弟兵……"

众多的支前大军中，有一支支前队伍被华东军区授予"陈毅子弟兵团"的光荣称号。这支近千人的支前队伍，来自黄海岸边的藏马县（该县1956年撤销，合并于现在的胶南县），是藏马县子弟兵团。藏马县子弟兵团随大军转战，驰骋于广阔的战场，在炮火硝烟中，穿梭来往于敌我厮杀的阵地之间，抢危救急，立下了不朽的功勋。他们抢救伤员和千里转运伤员的事迹，受到野战军领导和地方政府的一致赞扬。

1947年3月2日，山东省支前委员会和滨北支前司令部指令藏马县快速动员，组建一个支前子弟兵团。中共藏马县委和县武装部全力以赴，只用了3天时间，就精选了935名年轻力壮的干部和民兵，编成了两个营6个连的支前队伍，警卫、通信、炊事等勤务分队也一应俱全，并任命肖少华为团长，王子浮为政委。3月6日，队员们携带200多副担架，760件武器（每4人一副担架、配3枝枪），高喊着"好男不说嘴，好女不扯腿，扛起担架上前线，打垮蒋匪再团圆"的口号，告别父老乡亲，踏上了支前征途。

3月下旬，蒋介石调集了45万兵力投入到山东战场，企图消灭华东野战军，占领整个山东解放区。久战疆场的军事家陈、粟首长运筹帷幄，调兵遣将，与敌周旋于鲁中南山区，以求调动敌人，寻机歼灭。子弟兵团紧紧跟随一纵部队，夜行晓宿，在行军和接连不断的战斗中度过了一个个难忘的日子。

5月15日晚9时，子弟兵团营以上干部接到紧急通知：立即赶赴十里外的纵队后勤兵站开会。接到通知后立即出发，10时左右，干部们到达目的地。

看着人来得差不多了，兵站站长招呼大家坐下开会。他扫视一圈，用平静的语气说："现在，陈、粟首长已指挥所属部队完成了对国民党王牌军七十四师的包围。"听说包围了七十四师，人群中起了一阵骚动，会场气氛一下子活跃起来。

等大家稍稍平静下来，站长走到地图跟前，把手中的指示杆在图上孟良崮所在位置一点，跟着画了一个圆圈，接着对大家说："蒋介石的这张'王牌'已成了瓮中之鳖，蒋介石非常恼火，严令各路敌人拼死命赶去增援。今、昨两天，敌人出动了数十架飞机疯狂轰炸，今后几天战斗将会更加激烈、残酷！"他把手中的指示杆指在地图上，从下向上移动，直到莱芜一带，才继续说："敌人已经逼近这一线。距莱芜城不远的乔店村有我军重伤员180名，处于敌人正在形成的包围之中。纵队首长命令：担架队一定要将这批伤员抢运到安全地带。"停了一停，站长用更严肃的口气说："兵站党委已经研究过了，决定由你们藏马县子弟兵团来完成这个任务，希望你们以最快的速度实施抢运！"

站长回到原来的位置坐下，兵站政委站起来，接着说："同志们，这批伤员现在正由一个营的兵力掩护，该营拂晓前将撤出乔店村，去参加新的战斗。因此，你们必须在天亮前赶到。你们驻地与乔店相距七十余里，要在天亮之前抢出伤员，时间只有六七个小时，这当然很困难。但是，我们必须战胜困难按时到达，否则天亮后就有可能与敌人遭遇。"说到这里，政委环视一周，然后加重语气一字一句地说道："同志们，180 名伤病员的生命全部寄托在你们身上了，兵站相信你们，上级首长也完全相信你们能很好地完成这一光荣而艰巨的任务！"

站长、政委用期望的目光扫视着每一个同志严肃的面孔，团长、政委站了起来，干部们一齐跟着站了起来，团长说："请首长放心，坚决完成任务！"时间就是生命，刻不容缓。不待返回驻地，团长、政委召集党委委员们在返回驻地的途中，讨论了执行任务的有关问题。会议决定，由副团长李涛带领团部警卫班和战斗力较强的二营四连，作为全团的先头部队率先出发，其他部队以最快的速度随后跟上。

是日夜间 11 时许，全团离开驻地炉芽店向目的地进发。行进途中，营以上干部分头到各连传达了上级命令，作了简短的战斗动员。各级会议也都在行军途中边走边开。当队员们了解到华东野战军主力围住了蒋军整编第七十四师时，情绪极为高涨，在行进途中的"保证会"上，纷纷表示："一定按时抢救出伤员，不让纵队领导分心。""为救伤员，就是跑路跑死了也值得！"

急行军，汗水很快湿透了每个人的衣服。天逐渐放亮时，子弟兵团离乔店还有 10 多里路，为赶时间，部队开始跑步前进。

"陈毅子弟兵团"向乔店急赶的同时，敌人大队人马也从乔店村西南方向开过来。

太阳升起来有一树多高时，李涛带领的担架队先头部队赶到了乔店村东北的一个小山包下。翻过这个山包，下去就是伤员的住所了。敌人的目标显然也是乔店。他们发现有大队人马奔向乔店，不敢贸然进犯，冷枪冷炮从远处不断地打过来。担架队队员们扛着担架拼命地向山包上跑去。该死的敌机又来显威风了，不停地在山包上空盘旋，向担架队队员们扫射。这时候，肖少华团长他们也到了，见敌机威胁队员们行动，便集中了全团的优秀射手，占领制高点，专门对付低空扫射的敌机，掩护担架队队员。

李涛带领队员们迅速翻过山包，冲进了村子。可是进村以后，李涛他们驻足察看，却发现偌大一个村庄毫无动静。李涛和队员们都感到奇怪：莫非伤员已经被转移走了？不可能，上级既然指派他们担负转运任务，就不会再有别人来这里转运伤员，伤员一定还在！这时，又一颗炮弹在村头爆炸，紧接着又是敌机的一阵扫射。李涛当机立断，让队员们一齐喊话："伤病员同志们，我们是藏马县子弟兵团火线抢救担架队，奉首长命令来抢救你们啦，哪里有人赶快答话！"喊过几遍仍无动静，真把人给急坏了！李涛让队员们进院搜索。

其实，伤病员们并没有被转移，他们都还在村子中。他们听着越来越近的枪炮声和飞机的怪叫声，意识到处境的险恶。伤病员们没有胆怯，也没有惊慌，而是同仇敌忾，作了最后的战斗分工。手脚能动的都持手榴弹把守门口、窗口；四肢不能动的或趴在桌子底下或躺在床腿旁边，用牙咬住了拉线，拉线的另一头是绑在桌腿、床腿或窗棂上的手榴弹拉环。他们准备与敌人作最后的拼杀。

当李涛带领4名队员闯进一个庭院时，推开房门一看，他们惊呆了：门后和窗旁有四位同志各执一拉出弦的手榴弹守候在那儿；对着门的桌腿上绑着几个手榴弹，一位伤员侧卧在旁边，用牙齿紧紧咬着手榴弹拉弦。内间的床腿、窗棂上也都绑上了手榴弹。这屋里的七位伤员，全部用嘴或手指扯着手榴弹拉弦。队员们意识到伤员同志们已经做好了与敌人同归于尽的准备。他们又感动又内疚，想着如果自己能早一步到达，伤员们就不会受此惊吓。

伤病员们在生死攸关之际，看到担架队队员突然出现在他们眼前，也是悲喜交集，许多人眼里都充满了激动的泪水。

李涛像是自责，又像是安慰地说："同志们，我们来晚了，让大家受惊了，不过我们还来得及。"他擦了一把眼泪，回头命令队员们："抓紧抢运！"

这时候大多数连队都进村了，团首长也赶到了。团长和政委迅速给各营区分了任务：以中心街为界，二营在西，一营在

担架队通过敌火封锁线

东，担架改为两人抬，伤员上了担架马上就走，不必等齐。

队员们迅速展开行动，团长亲自指挥火力组掩护。在火力组的掩护下，担架队队员们不论敌人的飞机俯冲扫射得多么凶，

都没有一个人避一避，只管紧张而有秩序地抢运着伤员。进入街巷的担架队，迅速分别由两名队员一前一后地抬好了担架，只等另外的队员从农户家里或背或抱地把伤员抢出放上担架，然后快速向村东北方向跑去。

这时，敌人距乔店只有 1000 多米，当他们判明这队人马不是解放军主力而是前来转运伤员的民兵时，便加快了行军速度，企图与子弟兵团交战。但是，敌人已经晚了一步。等他们赶到村子时，担架队已经把伤病员全部运了出去。团长肖少华和政委进行了细致的检查后，也最后离开村庄。临行前，团长命令通信员去通知警卫班，在村前坚持一段时间，待担架队走远后再撤到村东北角山包上，继续掩护队伍离开危险区，尔后想办法摆脱敌人，火速追赶队伍归队。

担架队离去后，敌人占据了空无一人的村子。他们像疯了一样，拼命地发泄着，把整个乔店搞得一片乌烟瘴气。

被抢救出的 180 名伤病员，本应由另一个县的子弟兵团实施长途转运，送到后方医院，藏马县子弟兵团仍跟随一纵行动。但是，在兵站准备交接时，全体伤病员一致要求："藏马县子弟兵团的同志们舍生忘死救出了我们，是我们的生死弟兄，非他们去送，我们宁愿不走。"兵站首长见此，就对原有部署作了调整，满足了伤病员们的要求。没想到，藏马县子弟兵团的干部、队员对这一改变却有些想不通。他们不想离开激烈的战场，不愿离开一纵。兵站首长又反过来做他们的工作。当子弟兵团的干部、队员了解到，是由于伤病员们强烈要求，兵站才临时改变原来的决定时，便愉快地服从了命令。

这次长途转运，单程 600 余里。转运途中，子弟兵团的同志们表现出了极高的政治觉悟和强烈的阶级友爱精神，他们时刻关心着伤员的疲劳和大小便情况，问寒问暖，问饥问渴。为了使伤员们吃得更好些，尽快康复，增强体质，大家想了许多办法改善伤病员们的伙食。队员们几乎把自己身上所带的钱，全部为伤员买了鸡蛋、香油等营养品。有些同志手中没有钱了，眼看着伤员难咽下粗糙的饭菜，心如刀绞，一边安慰伤员，劝伤员多吃点，一边积极想办法，为伤员换来鸡蛋和香烟。五连三排长丁茂合为换点钱，甚至卖掉了新婚妻子为自己织的心爱的毛衣。

ZHONGWAIZHANZHENGCHUANQICONGSHU

山区道路凹凸不平，担架行进时一不小心就会倾斜。为让伤员们躺在担架上更舒适一些，行进时队伍中时不时传出低低的号子声，前面的同志喊一声"路不平喽"，后面的同志随应一声"高抬脚喽"，这是遇到石头或坑洼地了；前面喊一声"上崖喽"，后面也同样应了一声"上崖喽"，随着喊声，前面的同志就会把担架放低，而后面的同志则将担架抬高了；前面的同志喊一声"下坡喽"，后面也应一声"下坡喽"，随声前面的同志把担架抬高，后面的同志就把担架放低了。这样，伤员们在担架上既不会头低脚高，也不会滑下。这种号子前后相传，使整个队伍的每副担架都始终保持了平稳，避免了因颠簸加重伤员

担架队在转运伤员途中

们的痛苦。

有时为了赶时间或防止敌人飞机空袭，担架队不得不进行快速行军。这种情况下谁也不能耽误时间。伤员在担架上时间久了要解手，可是，如果担架停下，等伤员方便完以后就可能落伍掉队。为了节省时间，六连队员李玉田第一个端着吃饭用的小瓢为伤员接了大便，大伙儿纷纷仿效。每当有伤员要解手时，队员们就毫不犹豫地摘下身上的吃饭用具为伤员接大小便。一开始，伤员们很难为情，尽量控制自己方便的次数。队员们发现这种情况后，说："为了同志们的安全，为了大家的安全，非这样做不可。这也是叫敌人给逼的。再说，这又有啥要紧，您用了以后，我们抓把土搓搓，找点草刷刷，再用水一冲，还不是照样可以用吗？"伤员们听了，虽然难为情，但也只好依了队员们。

行军时紧张，担架一停队员们更是忙碌。有的抱起伤员大小便；有的给伤员烧水做饭，抱起来喂饭；有的帮着翻身，或把伤员扶起来，用背倚着伤员的背，让伤员坐一会儿；有的舀来清清的河水给伤员们洗手擦脸。就这样，队员们还总是不放心，一再对伤员们说："我们都是农村来的，干惯了粗活儿，不会侍候人，哪里照顾不周，只管对我们提。"

担架队进入渤海平原后，路面开始变得比较平坦，虽然比山区小路好走了许多，却有着另一番的艰苦。为了避开敌人飞机的袭扰，队员们只能舍弃大道，拣僻静小路行进。这种平原小路雨天泥泞坎坷，晴天风一起便尘土飞扬，铺天盖地，常常是尘土随着队伍滚滚向前。但尘土飞扬也有尘土飞扬的好处。滚滚尘土的掩护，阻碍敌机的观察，帮子弟兵团争取了时间，减少了伤亡。

经过半个多月行军，担架队爬过了无数道沟坎山岭，通过了敌人的一道道封锁线，终于将180名伤员安全转移到了黄河北岸滨县蒲台镇一带的后方医院。医院领导见伤员们安全抵达，激动万分。为了酬谢藏马县子弟兵团对伤员的爱护，赠给他们锦旗一面，大肥猪两头。伤员们也纷纷凑钱，买来肥皂、毛巾、香烟等物品，送给子弟兵团的队员们，并且集体赠送给子弟兵团一面锦旗，上面写着"支前模范"。

子弟兵团要返回了。生死与共的兄弟即将分手，伤员、担架队员依依难舍。伤员们拄着拐杖，被人搀扶着，甚至坐在担架上被人抬着，送了队员们一程又一程。伤员和队员们分别的泪水擦了一次又一次，伤员给队员擦，队员给伤员擦，整个队伍走了大半天才走出2里地。队员们劝伤员回去，伤员劝队员赶紧上路……在这难舍难分的临别时刻，相互倾吐着肺腑之言，伤员们说："几百里行军呀，苦了你们了！"队员们用湿润的眼睛望着伤员们，说："同志，您千万别再说了，你们为我们杀敌流血，我们做这点事算得了什么，但愿你们早日养好伤，重上前线。"伤员们纷纷表示："一定要尽快返回前线，多杀敌多立功，报答同志们无微不至的关心和照顾……"

完成转运伤员的任务，藏马县子弟兵团返回不久，兵站首长郑重地将一面奖旗转赠给了藏马县子弟兵团。锦旗上绣着"陈毅子弟兵团"几个大字，落款是"华东军区司令部、政治部"。为表彰藏马县子弟兵团的功勋，兵站党委为该团记大功一次，奖步枪一百支、轻机枪三挺、小炮二门、卡宾枪一枝。

1947年8月初，藏马县子弟兵团扛着"陈毅子弟兵团"大红旗荣归故里。藏马县子弟兵团荣归时，华东野战军一纵队致函滨北地委、专署、武装部，当时的《大众日报》详细报道了此事。报道中讲道："于藏马子弟兵团荣归之际，某纵队特致函滨北地委、专署、武装部表示崇高谢意……信中详陈该团'三大特殊表现'后，继称藏马子弟兵团在我部工作以来，留给我们很好、很深刻的印象。以上功绩的取得，除兵团领导肖少华、王子浮同志及其他干部领导作风深入正派，全团同志对自卫战争有高度认识外，更充分表现了贵区在支前工作组织教育上的显著功绩。"

越岭翻山送军粮

孟良崮战役期间，丛山间的崎岖小路上，每天黄昏后常常可以见到成百上千的小车、大车在向前线前进。他们都为着一件事忙碌：为前线战士送军粮。军粮供应是部队的一项极其重要的工作，可运输粮食却不是一件轻松的差事。为了躲避国民党军队天上、地上的袭击，民工们只能夜间赶路，常常一夜要推着沉重的小车走上几十里路。

车重路长，山高水深。手推车是落后的运输工具，推车的

向前线送军粮的车队

民工们却是进步了的人民。战争的胜利离不开人民群众的支持。孟良崮战役期间，山东百姓为配合华东野战军粉碎国民党军对山东的重点进攻，全力支前，共出动民工 920600 人。其中，临时民工 690000 人，二线常备民工 154000 人，随军常备民工 76600 人。进步的人民使用落后的工具，源源不断地保持了对前线的军粮供应，弹药前送，伤员后运，为取得战役胜利作出了巨大贡献。这就是人民战争，这就是人民的力量，这就是胜利的保障！

5月11日晚，胶南运粮队环海大队队长刘德海又一次接受了带队运粮的任务。他们这支运粮队两天前刚刚完成任务回来。队员们回家后，他先是忙于向兵站领导汇报，然后又去看望了运粮途中受伤的几个民工。算下来，这次回家他在家中的时间总共不到 7 个小时。现在又要出发了。他知道，这次外出路途更远，时间更长。

临出家门时，妻子像以往一样，一直叮嘱老刘："要注意防空，要注意防止敌人袭击，夜间行路要小心沟坎，要小心……"老刘点点头，对妻子说："辛苦你了，要照顾好老人和孩子。"说这句话时，他心里充满了愧疚之情。是啊，自从他当了运粮队的队长，没有在家里待过多少日子，老人和孩子一直靠妻子照看，地里的农活也要靠妻子忙活。老刘总是想："闲下来，一定让妻子也好好地歇歇。"可时间一天天过去，他却总也闲不下来。时间越久，老刘心里越不是个滋味。临出门时，老父亲又叫住了他，说：

"你放心去吧，别总记挂着家里，要好好支援部队。"

刘德海的父亲会做瓷器活，算是个手艺人。以前农闲时，常走街串户地帮人做点儿钉盆钉碗的活儿。去年的一天，他外出找活儿干时碰上了蒋军。当时，他刚摆下摊子，街上就来了蒋军的队伍。因为让路不及时，几个蒋军士兵上去就把他的摊子给踢了。老人家说了句责备的话，结果招致蒋军士兵一顿好打。那次他是让人给抬回家的。从那以后，他虽然捡回了性命，却再也干不了什么活儿了。老人恨蒋军。当刘德海要参加支前时，他父亲第一个表示支持。此后，每当刘德海要出工时，他都要嘱咐一番，让刘德海安心支前。这次也同以前一样。

"我会的。"刘德海说完，抓起行李便急匆匆地出发了。

刘德海到达兵站时，队员们基本上已经到齐了。政委正和大家讨论着什么，见老刘来了，忙说："老刘，我们这次的任务不轻啊，怕是要打破过去每一次装粮的纪录了。你看看，怎么装才好？"

关于这次任务的繁重，老刘受领任务时就清楚了。从家里出来的路上，他一直在考虑装粮方案，现在心里已经有谱了。见政委问他，就说："把人员和粮袋编号，分成装粮、搬运、装车三个组行动。"政委见刘德海已经有了主意，就不再多说什么。

队员们按照队长刘德海的指派行动，运粮车很快装好了。因为任务重，每辆小车都装到了75公斤，多的装了150公斤。车队民工

敌机临空时，运粮车队利用树林隐蔽

刘元彬是个大块头，粮食也装得最多。他的那辆小车装了足足有400多斤。这一夜，刘德海的车队不但装了粮，还赶了40多里路。天亮了，车队为了多赶点儿路，不顾蒋军空袭的危险还在行进，一直走到太阳照到了树梢才休息。

大家吃过饭，都各自休息去了。刘德海找到政委，说："今天晚上，我们车队要路过家乡了，恐怕好多队员都想再和家人见一面。"政委不无担心地说："时间很紧，得做点儿工作呀！"两个人简单商量了一下，决定先召集各中队负责人开个会，然后再在晚上出发前动员一下。商定以后，两人也分别睡下了。

中队长会在午饭后召开。当政委和队长讲完因任务重希望大家做好队员们的工作不要回家的事以后，三中队中队长李天明第一个发了言。他说："兵贵神速，粮食对军队作战的意义重大，我首先保证我们中队不会耽误时间。"接下来，其他中队长也都表了态。看看没有更多的事，刘德海很快就让大家回各中队去了。中队长们走后，他对政委说："看来不让大家回家问题不大，但家属免不了来看望。"政委说："这个事动员时再讲一下吧。"

临行前，全体队员集合起来进行动员。政委讲完这次任务的艰巨性和重要意义后，号召全体人员要过家门而不入。政委讲完后，三中队中队长代表他们队发言。他说："我们三中队都不回家，和兄弟中队比一比，看哪个中队这次路过家门组织得更好，行动得更快！"第四中队中队长见三中队提出了挑战，就站起来说："我代表我们中队应战，和三中队比一比。"说完这句话他就坐下了，屁股没坐稳又觉得有点不够，站起来又说："咱们为部队运粮啊，就像庄户人家送饭。在地里干活的已经干了大半天，咱去送饭要是在路上耽搁了，真是对不起在地里干活的了。"其他中队长们也纷纷表示应战，会场一下子热闹起来，队员们都表示要抓紧时间赶路。看到队员们都很积极，刘德海和政委都放下心来，脸上也现出了笑容。

车队很快出发了。当走过家乡时，乡亲们拿着慰问品沿路欢迎，替队员推车、擦汗，问长问短，要求大家停下来休息片刻。但是，车队没有停，队员们一个也没有停。年近5旬的老队员丁立本的老伴从8里路外赶来看望他，提了一壶酒，还夹着一包吃用的东西，一见面就对他喊着："老东西，辛苦了，过过酒瘾吧！"没想到老丁头儿一摆手，说："喝酒误事，忌啦！等胜利了，立功回家再喝吧。"年轻队员高启文的新媳妇孙玉莲来看他，说："你可别念家啊！"高启文白了她一眼，说："看你，尽说些啥！"她媳妇说自己也要参加妇救会，高启文说："那咱们比一比，看谁能扛到支前红旗！"车队就这样通过了队员们日思夜想的家乡，向着前方的战场继续前进了。

14日夜，当车队走到一条大河边的时候，桥上正好急匆匆地过着前线下来的伤号。看样子，担架队一时半会儿的走不完。是等，还是另想办法？正当刘德海拿不定主意的时候，大块头的刘元彬挽起裤腿下了河，试完河水很快回到老刘身边，对老刘说："队长，不要等了，我看可以趟水过去。"没等刘德海回答，丁立本说话了：

"趟水过去，怎么过？人能过去，车能过去吗？"

"能过去，把车抬过去。"刘元彬好像早就想好了，果断地回答。

刘德海看了一眼政委，说："也只好这样了。"

于是，干部与民工们一起，抬起小车趟水过河。虽说这时已经是五月份，可毕竟还在农历三月，而且是夜里，河水冰凉。

初下水时还不觉得什么，等到了水深齐腰的地方，民工们的腿开始冻得直发抖，脚背上的骨头像被针刺一样痛得难忍。民工们无怨不悔，咬紧牙，喊起号子，"嗨哟嗨哟"地拼命坚持着趟过了大河。

想一想，河上河下都是人，远方大炮轰鸣，近处人声沸腾，载重二三百斤粮食的小车被民工们高高抬起，伴着哗哗的流水声缓缓走过河去。这是怎样的一幅画面！

几天行军下来，队员们都非常劳累，一到休息的地方就呼呼大睡起来。队员们休息了，刘德海和负责途中给养的炊事人员还在忙活，淘米、洗菜、埋锅、造饭。等饭做好了，老刘叫醒大家用饭，自己也用饭瓢盛了一些，走到院子里蹲下来，可是由于过度劳累，刚喝了没几口，竟然端着饭瓢睡着了。热乎乎的红薯稀饭洒出来，流了半条腿，他也没有发现。民工们真是累！可大家支前的热情却一直很高。考虑到老丁年龄大，政委怕他支持不住，乘着休息的当儿，走到他的跟前，想做点工作。政委正不知道该怎么开口，老丁瞧出了他的忧虑，先开口说话了："是不是对我不放心呀？"老丁一上来就抢了个主动。

政委说："哪里，不过这几天真累了吧？"

老丁说："累，累不死人，可前线将士没有粮食吃却能饿死人。何况，前线将士不比咱运粮民工舒服，比咱还累！"

老丁的这番话，政委委实没有想到。战争是残酷的，残酷的战争极大地提高了人们的思想觉悟。

晚上，运粮队又出发了，队长刘德海和政委站在路边，看着队员们推着手推车一辆接一辆地走过。今夜的路更难走，车队要在几乎是无路的山间穿过。

这一夜，刘德海他们上坡下崖，过沟爬坎，颠颠簸簸地前进着，李天明的中队一直行进在队伍的最前列。走过一段路以后，李天明担心道路不好颠破了麻袋，便转过头提醒后面的人："摸摸你的口袋破了没有？"他后面的人摸一下麻袋，又转头对后面的人说："摸摸你的口袋破了没有？"就这样，这句话就像战士们传口令一样由前向后响过。刘元彬摸麻袋时，发现破了个小洞，就采取紧急措施，把破洞翻转朝上，用毛巾塞住洞口。

高启文一不小心，小车翻下了路旁的沟里，等队友们帮他把车扶起来，把粮食装上去时，发现一条麻袋被石头划开了条大口子。这条麻袋显然用不上了。看着散落在地上的粮食，高启文毫不犹豫地脱下身上的大衣，用自己的大衣包住粮食。

这一夜的路实在是太难走了，当天将亮时，大家发现队员们的衣服多多少少都磨破了。刘元彬最邪乎，小袄上的棉花一块块拖在外面，裤腿撕得一边长一边短，屁股上露出了肉，鞋子开了口。李天明看了忍不住笑他说：

"大刘啊，你这形象可实在不怎么样，小心你娶不上媳妇。"

刘元彬说："咱娶媳妇，要么不娶，要娶就得娶个好的，能老想着帮咱做新衣服缝破衣服才行。"一句话说得大伙都乐了。

几天后，刘德海他们终于按要求把粮食送到了部队手里。这时候，队员们有的肩被磨破了，有的腿肿了，有的脚起了泡，有的胳膊碰坏了。但大家顾不上好好休息一下，纷纷向部队的同志询问打仗的情况。稍后，当他们听说全歼了蒋介石的整编第七十四师，打死了师长张灵甫时，一路的劳累似乎在一时间得到了回报，一个个变得心情舒畅，兴高采烈，准备着接受新的任务。

陈光彩的茶饭店

孟良崮战役开始后，我华东野战军的千军万马向蒋军发起了勇猛进攻，战士们在枪林弹雨中与敌人拼杀，战斗中不断有人受伤被担架队救下来，一些轻伤员到战地医院接受治疗，一些受伤较重的则需要转送到后方医院，为此负责转运的担架队需要长途跋涉，负责保障担架队和伤员中途饮食供应的转运站，开始忙碌起来。陈光彩的茶饭店就是许许多多忙碌的转运站之一。

5月15日下午，粮秣员陈光彩和一位炊事员奉命往马庄建立伤员茶饭站。陈光彩不是第一次执行这样的任务，懂得争取时间对完成好任务的重要意义。所以，他接受完任务没有太多耽搁，简单向家人做了个交代，稍作准备便迅速出发了。

陈光彩他们的任务是艰巨的。从前线到医院有100多里，伤病员们一路上要依靠他的茶饭站解决饮食问题，而上级派来和他一起工作的只有一名炊事员。临行之前，转运站站长曾严肃地对他说："伤员可能白天到站，也可能半夜到站，一定要保证茶饭供应。"他当时没说什么，只是愉快地答应下来了。当时困难的确不少，但一想到前线战士们流血流汗，想到自己是一名共产党员，马上增加了克服困难的勇气，心里暗暗下着决心：指战员们在前线杀敌受了伤，不能让他们在茶饭问题上受委屈；不管伤员什么时间到，一定让伤员有吃有喝！想到这里，他不由得摸了摸衣袋，里面有 800 斤粮票、7000 斤草票，一叠解放区使用的北海币，那是他们开办茶饭店的全部资本，另外可以使用的东西就是他自己挑着的半担油盐了。根据以往的经验，他清楚地知道靠这点资本远不够开设茶饭店的需要。想到这里，他开始低着头边走边考虑克服困难的办法。

为茶饭店提供粮食的粮站在哪里？一路上，陈光彩不停地询问粮站的位置。后来粮站终于被他找到了，可是新的问题又出现了。按粮站的制度，粮站只管向茶饭店发粮，不管向茶饭店送粮。陈光彩两手空空，要人没人，要车没车，大批的粮食怎么运走？他把繁重的任务和自己的实际情况向粮站负责人说了一遍，请求他们提供些方便。为了伤员，粮站领导破例答应帮他把粮食连夜送到。粮食问题的迅速解决使陈光彩十分高兴，有组织的帮助，有热情民工的帮忙，这回他相信自己可以很好地完成任务了。

粮食问题解决了，陈光彩现在要考虑开办茶饭店的人手问题。他赶到马庄后随即请村长动员民工。不料，村里的后勤队已经有任务，动员起来的民工几乎全部出发了，找后勤队是不行了，只能另想办法。在村长的帮助下，陈光彩东奔西走好说歹说，好不容易才找到几个人。这几个人真说得上是老弱病残，要么是体弱多病的老人，要么是少年儿童。这样的几个人，无论如何是不够用的，而且稍微重点的活儿也不能依靠他们。

怎么办？陈光彩着急，村长也着急，可村里实在是没有可用的人手了。陈光彩和村长寻思半天也想不出什么好办法来。

ZHONGWAIZHANZHENGCHUANQICONGSHU

后来，村长说话了："其实这里还有一些可用的人，只是不知道他们肯不肯帮忙。"

听说有人可以帮忙，陈光彩连忙向村长请教。他一问才知道，原来，有一批从敌占区转移来的地方干部刚住下来，还没有来得及接受新的任务。得到这一消息，陈光彩觉得有救了。他知道，从敌占区来的干部有着很高的政治觉悟，只要自己向他们说明情况，相信他们会帮忙的。果然，当他找到这些干部的领队说明情况后，很快便得到了领队的支持。那些刚刚歇息下来的干部了解到陈光彩的困难后，也纷纷要求参加工作。这样，陈光彩很快又得到 8 个助手。

陈光彩把这七拼八凑的十几个人组织起来，按照工作需要，分成烧火、擀面、挑水、打饭、劈柴等组，并分别明确了各组职责，指定了各组负责人，他自己则担任整个茶饭站的负责人。

人员粮食备齐，碗筷又成了新问题。

借！找村里老乡借。陈光彩想到了这个庄户人家婚丧嫁娶时常用的办法。可是，群众大部分都转移了，找不到几家人。各组人员全部出动，借遍全村也只借到 40 多个碗。碗筷不够，势必要影响伤员和民工的用饭喝水速度，影响到茶饭站的接待工作。借不到足够的碗筷，各组的人都有些着急，眼巴巴地看着陈光彩。陈光彩不急不慌，沉着地对组长们说："大家去忙吧，伤员来了，我自有办法。"碗筷不够是明摆着的事，组长们实在想不出他有什么高招，猜不到他葫芦里卖的什么药，可见他信心十足的样子，也就不再多问。

陈光彩把各方面布置完以后，又亲自检查一遍，看见开水烧好了，面条切得停当……这才放下心来，告诉大家抓紧时间休息，准备等伤员来了展开接待工作。

第二天清晨，联络哨回来报告，说伤员已到庄前。陈光彩一面派通信员招呼各组人员开工，一面让联络哨通知担架队把担架依次停在路边白杨树下，让担架队员和伤员们先休息。联络员问他怎么组织大家用饭，他说：如果担架少就组织大家一起来，如果一批担架过多，就按照适当的人数，分批用饭，第一批到吃饭处用饭时，其余的暂留在休息处休息。

担架队用饭的人员很快到达了吃饭处，他随即召集担架队民工负责人把任务交代一遍，决定每副担架只留下一个人，一副碗筷，其余的请到民工休息处休息，那里有专替他们烧好的开水（民工自己带有干粮）。每副担架上留下的民工负责替自己担架上的伤员打水、打饭，喂水、喂饭。在陈光彩的调度下，吃饭处的树林底下，担架排得整整齐齐，锅碗盆勺一片声响，喝水的、用饭的有条不紊。

原来，陈光彩并不是有什么特别的办法，只是根据以往接待的经验，早就想到了：支前担架队民工是最好的看护员，他们通常都替伤员们备好了碗筷。这就是他先前对组长们讲过的"自有办法"。

伤员吃过饭后，留下的民工到休息处吃饭、喝水，再从休息处调来一批民工看护伤员。不一会儿，吃过饭的伤员们顺着陈光彩指定的路线，继续向后方医院方向出发了。在这以后的几天中，陈光彩他们秩序井然地接待了大批的伤员和民工。凭着他的得力组织，凭着各方面人员的密切配合，不管担架队人员来得多还是来得少，陈光彩的茶饭站都能让每一个伤员有饭吃，每一个民工有水喝。经过这里的伤员和民工，对陈光彩茶饭站的服务非常满意。

几天后，茶饭店的任务圆满完成了，陈光彩回去向领导汇报工作。还没等他说话，领导就开口了："不用说了，我们全都知道了，没想到你还很有组织才能啊！"有人开玩笑地说："老陈这次找到了'胸中自有百万兵'的感觉，以后有机会肯定可以做个好领导。"听着领导和同志们的表扬，陈光彩只是嘿嘿一乐，什么也没说。

馒头大王胡佳贵

有句老话说得好："兵马未动，粮草先行。"有效的后勤供给是维持军队战斗力，保障军队行军、作战胜利的基本因素。战争年代，我军的后勤保障不但有赖于军队自身的后勤保障，而且离不开地方强有力的支援。为表彰地方支前中的有功人员，军队和地方政府常常评选支前的各种先进人物。孟良崮战役时，就有一位为部队供应食品的民工被评为"馒头大王"。

馒头大王一点儿都不神奇。被选为"馒头大王"的模范炊事员，是个50多岁的老头子，名叫胡佳贵。老胡头上留着短发，小眼睛，留一撮山羊胡，脸上许多"沟沟坎坎"，长得土里土气的，手里经常拿着一杆长长的旱烟袋，是一副和气、厚道的庄稼人样子。

在战役进行中，转运总站不但要负责部队的粮草食物供应，而且要接待来往的担架队，为伤员准备伙食，任务是非常繁忙的。胡佳贵是在任务最繁忙的时候被召到兵站的。兵站领导没有详细向他交代任务，只是对他说："老胡，现在任务很紧，你得负责开个供应热食的饭店。"老胡很痛快，接受任务后行动也迅速，在队伍的前面首先赶到了目的地。见老胡他们来了，负

ZHONGWAIZHANZHENGCHUANQICONGSHU

责食品供应的干部很高兴，给他一个紧急的任务："担架队可能很快就到，要保证伤员什么时候到站，什么时候就要吃上馒头。"

老胡的手边只有一副蒸笼，为完成好任务，他立刻忙活开了。先砌好了锅灶，再去挑水、发面、烧火……当他蒸出三笼馒

老胡给战士们送上热食

头的时候，助手才从后面赶上来。

胡佳贵做的馒头非常好，见过吃过的人都啧啧称赞，常常感到奇怪，馒头怎么能做得那么好。老胡做的馒头，一个有四五寸长，一把可以攥在手里。但你松手时可要小心，否则手一张开馒头会蹦起来。吃上去感觉就更好了，不管你掰开哪一个，里面都是米筛眼，馒头进了嘴就觉得甜蜜蜜的。好奇的人问老胡有什么窍门，他总是笑一笑，说："学着做呗。"他不喜欢卖弄，也从不坐下来和人长谈。

这时候，老胡不停地在锅上锅下忙着，汗流满面，也顾不上擦一擦。虽然他的工作繁重，却一丝不乱。切好的发面一行行排在案板上，用布盖着。过一会儿，他随手拿起一个，送到耳边连敲几下。外行人是不懂这个道理的，据他说，从敲的声音里就可以知道面发的到不到时候。老胡把馒头摆上蒸笼，又去烧火。常言道："馒头好蒸火难烧。"供应站的柴火都是临时买来的，常常发湿，可是湿柴到了老胡的手里，火头也照样能

熊熊地燃烧起来。老胡有一把斧子，是专门用来劈大木柴的，他劈柴劈得很细，所以烧起来也很容易上火。

提起老胡的斧子还真话长了。老胡第一次当炊事员时，特地花钱买了这件"武器"。他爱自己的斧子，就像战士们爱护自己手中的武器一样。随队行军时，其他东西可以丢掉，斧子永远不会丢，总是紧紧地绑在他的背包上。他磨斧子也像战士们擦自己的枪一样，总当作一项重要的工作，一有时间就蹭几下。所以，胡佳贵的斧头始终是雪亮的，用起来很顺手。

为了歼灭蒋军整编第七十四师，近20天来，人民解放军为调动敌人几乎天天在夜间行军。看过部队行军或者是在部队里生活过的人都知道：行军中炊事员比一般战士们要疲劳得多。老胡和他的助手们背着沉重的灶具随部队行动，部队一停下来他们就要为大家准备食物，保证部队的热食供应。这些天来，老胡他们都很劳累，一直以十分疲劳的身体连续地工作着，最紧张时连续几个昼夜得不到很好的休息。有几天，他因为缺少睡眠，加上不断被热气和烟火侵袭，眼睛红肿了，看上去像一对熟透了的桃子，两只手臂也肿了，但他一直没有停止过工作。战友们看他太辛苦，就说："你年纪大啦，歇歇吧！"他反而不服气，说："早着呢，你们太年轻，像我这号年纪才正当时哩！"大家忍不住地笑了起来。

夜半三更，老胡觉得疲劳又不能休息的时候喜欢唱两句，唱的是当地流行的梆子调，要不然就拿起酒壶喝两盅"绿豆烧"，或者给大家说个笑话，惹得大家哈哈大笑。为此，战友们还替他起了个绰号，叫他"老来少"。

相处的时间长了，大家都说老胡不服老，工作起来有股子拼命精神。也有人觉得奇怪，就问他："你年龄不小了，工作这么累，为什么精神总那么好？"老胡没有正面回答，说："只要有一个伤员吃不到馒头，就是我的罪过！……"这就是老胡的责任心了。事实上，每当有伤员从厨房门口抬过，他看见伤员们被鲜血染红的衣服，听到伤员痛苦的哼哼声时，就总也忍不住心头一阵难过。这时候，他常常对同伴们说："同志们，你们看看，他们年纪轻轻的，挂彩负伤为的是谁呀?!"

知道老胡底细的人，明白他为什么总愿意做个工作狂。老胡是受过苦的，是受过地主和国民党的苦的。

老胡家住的村子里，有门姓朱的大户，当家的是国民党政府的省议员，人称"二先生"。朱家上几辈还出过什么"秀才""举人"的，后辈人则完全是靠欺压乡邻才过着富足的生活。老胡的父亲大半辈子在朱家当长工，拼死拼活地干，可一家人一年到头连顿饱饭也吃不上。有一年的冬天，胡家又断了炊，一家老小眼巴巴地望着两只空锅。孩子们要饭吃，当家人拿不出米来下锅，只能看着一家人淌眼泪。实在没办法，胡大爷乘给东家干活的空当儿，硬着头皮从朱家的剩饭缸里捞了一碗剩饭，想带回去给孩子们吃。没想到被二先生家的"狗崽子"看见了，说他偷东家的东西，当场逼着他下跪，嘴里还恶狠狠地骂着："大爷家的剩饭，狗能吃，你家的穷种就是不能吃！"

老胡一家人吃糠咽菜嚼树皮，好不容易熬到了家乡解放。新四军惩办了二先生，人民政府分粮分田，老胡一家得到土地，可以安居乐业了。可幸福的日子不长久。1946年，蒋介石发动全面内战，蒋军向解放区疯狂进攻，侵占了老胡的家乡，又使他倾家荡产。蒋军不但抢走他们的粮食，还把他抓去当兵。当时，胡佳贵跪在地上苦苦地哀求，对中央军说："好老总，我老了，当兵不行了。"蒋军不但不听，一名军官还跑上去给了他几个耳光，恶狠狠地骂道："他妈的，'你老了'，老子也不要你做亲！走！"老胡就这样被蒋军抓丁带走了。

在国民党的军队里，他受尽了军官们的欺压，直到一次作战，国民党军队被打败了，老胡才逃出火坑。

老胡获得解放后，一心想着报答解放军。回到家乡，他主动找到当地政府，说是要参加民兵。当地政府的领导见他上了岁数，就没有同意。老胡死磨硬泡，最后政府的人拿他没办法，就准许他参加支前，分配他在民工队里做点儿后勤方面的工作，为大家做饭。老胡本想自己也杀几个蒋军出出气，看实在不行也只好认了。从此，老胡把做饭当成了自己杀敌的工作，总怕做得不够好。每当他做完一餐饭时，总忘不了找几个吃饭的人问问，听听大家的意见。后来，他蒸馒头真的蒸出了道道，成了有名的"馒头大王"。

ZHONGWAIZHANZHENGCHUANQICONGSHU

战史翻过"王牌军"

　　整编第七十四师是蒋介石嫡系部队"五大主力"之首，直属陆军总部管辖，曾多次受到美国军事顾问团的战术、技术和特种训练，全师均为美械装备。蒋介石曾多次嘉奖该师，并奉其为"国军模范"。该师的前身是七十四军，成立于1937年，基本部队有两个师，即五十一师和五十八师。其中，五十一师师长是深受蒋介石器重的王耀武，蒋介石的外甥、原五十八师师长俞济时任第一任军长。

　　七十四军成立后，于当年12月参加了反抗日本侵略者的南京保卫战。奉卫戍司令唐生智的命令，负责淳化镇、牛头山一带的防御。此役从12月7日开始到13日结束。战役过程中，七十四军与其他中国军队一道，顽强抵抗日军进犯，浴血奋战6天，最后终因寡不敌众撤出战斗。在撤退时，按照唐生智的命令，五十一师撤往江

接受美军训练的蒋军

北的浦口镇一带。在后撤过程中,师长王耀武为防止部队混乱,亲自殿后。当主力完全撤离,王耀武率殿后部队后退至江岸时,已经无船可渡。王耀武等前无退路后有追兵,陷入非常危急的境地。正当王耀武准备率部与日军进行最后决战时,军长俞济时派副官带船来接,他们这才得以脱险。第五十一师官兵渡江后到达浦口镇时仅存4000余人,损失过半。

1938年5月,七十四军参加河南兰封战役,与日寇土肥原之第二师团激战于三义寨附近。战役过程中,俞济时采用王耀武避实击虚、灵活机动的建议,率部重创敌军。同年7月,参加江西之万岭会战,协同其他国民党部队与日军激战数周,击伤、击毙日军6000多人,取得了战役胜利。此役后,俞济时极力向蒋介石保荐王耀武,王升任副军长。当俞提出几个人选,准备接任五十一师师长的位置时,王耀武都表示不放心,俞一时也找不到更合适的人选。所以,王耀武在升任副军长后,仍兼任五十一师师长。

1939年6月,俞济时升迁后,蒋介石亲自召见王耀武,对其五十一师的战绩大加赞扬,并提升他为第七十四军军长。王

美军顾问指导蒋军进行战术训练

ZHONGWAIZHANZHENGCHENGCHUANQICONGSHU

耀武感激蒋介石的垂爱，发誓要把七十四军训练成纪律好、能作战、不怕死、听指挥的优秀部队。同年 9 月，王耀武率七十四军参加第一次长沙会战，拦截向长沙进犯的两个师团的日军，激战于赣北重镇高安。高安陷落后，王耀武运用反包围战术，首先切断日军退路，以五十一师为主攻部队，经过三天激战，于 9 月 22 日收复高安城。这一胜利有力地配合了长沙会战的主战场，为夺取整个会战的最后胜利创造了条件。

1941 年春，七十四军在王耀武率领下参加了著名的江西上高会战。作战中，第七十四军配置在上高地区，担负从正面反击日军的任务。战役过程中，日军多次调集重兵向七十四军发动连续攻击，最后都以失败告终。3 月 20 日，五十一师官兵阻击日军一个旅团的进攻，与敌激战一日，击毙日军 1600 多人。战斗中，五十一师某部连长樊逢春，带领全连守卫教鼓岭。在打退日军多次攻击后，将士们弹尽粮绝。当敌人再次冲上来时，樊逢春率领全连与日军展开肉搏战，最后全部以身殉国。24 日，日军师团长大贺亲自到前线督战，日军出动百余架飞机，反复轰炸七十四军阵地，投弹 1700 多枚，但仍未能突破七十四军的防御。25 日，七十四军与其他部队一道向敌发起反击，歼敌一千余人，日军第三十四师团少将指挥官岩永被打死。战役胜利后，七十四军因作战勇猛顽强，赢得了"抗日铁军"的光荣称号，蒋介石亲自将军中最高奖"飞虎旗"授予七十四军。

9 月至 12 月，七十四军两次参加长沙会战，均获出色战绩。

1943 年至 1944 年，七十四军又先后参加了多次对日作战，均表现出良好的军事素质和极强的作战能力。1944 年 12 月常德会战后，王耀武升任二十四集团军总司令，七十四军军长一职由施忠诚接任，张灵甫任副职。

日寇投降前，该军全部改为美械装备。日寇投降后，由长沙、汉口水运至南京、镇江、浦口一带，成为蒋军陆军总部直属的南京卫戍部队。七十四军卫戍南京期间，蒋介石为表示对该军的器重，经常派夫人宋美龄代表他去看望该部官兵。一次，蒋军高级将领于南京集会时，蒋介石在列数七十四军战绩后，指定该部为国民党军队的典型部队，督令蒋军各部队一切训练教育以该部为标准，誉七十四军为"国军模范"。

1946年4月，在俞济时、王耀武等人的举荐下，张灵甫出任七十四军军长。国民党整军会议后，七十四军改编为整编第七十四师，所辖各师依次改为旅，但总兵力仍有30000多人。

1946年6月，蒋介石发动了全面内战，该师在徐州绥靖公署副主任李延年指挥下，向苏北解放区进犯。沿途，该部受到华东野战军的迎头痛击。但整编第七十四师仗着人员众多、武器先进，还是先后攻陷了宿迁、泗阳、淮阴、淮安等地。张灵甫眼看着自己精心调教的将士越打越少，痛心疾首；李延年则洋洋得意。在向蒋介石汇报时，李延年甚至狂妄地宣称："有10个七十四师，就可以统一全中国。"

淮阴一战后，根据部队实际情况，张灵甫本拟带部队回南京休整。但李延年极力在蒋介石面前彰扬张灵甫及七十四师的能力和功劳，蒋介石再次传令嘉奖七十四师。一纸嘉奖令，使张灵甫冲昏了头脑。他不顾部队损伤惨重需要休整的实际情况，趾高气扬地表示等"拿下涟水再说"。至涟水城下，七十四师在华东野战军第六纵队面前碰了个硬钉子。两次攻击，丧失官兵7000多人（包括两个团长，六个营长），最后解放军主动撤出阵地，七十四师才占领涟水城。这以后，张灵甫总算吸取了一些教训，知道共产党的军队不好对付。从此，尽管张灵甫仍在率领七十四师随国民党其他军队向解放区进犯，但行动躲躲闪闪，不敢再横冲直撞了。

1947年1月10日，整编第七十四师由苏入鲁，先占领沭阳城，后经新安镇于2月1日侵入郯城，15日又侵入临沂城，企图与解放军在鲁南进行决战，不料几次进攻都扑了空。至3月下旬，该师与八十三师共同沿临（沂）滋（阳）公路进犯，27日侵占费县县城，继续向鲁南山区发动进攻。4月中旬，蒋介石集中十七个整编师，五路进犯鲁中解放区，妄图寻找华东解放军主力与之决战。七十四师于28日侵占蒙阴。此后，整编第七十四师由第一兵团司令汤恩伯直接指挥，与整编第二十五、第六十五、第八十三、第四十八师一道向沂水、莒县进犯。

5月，华东野战军在陈毅、粟裕指挥下，集中优势兵力，从国民党军队密集进攻的队形中掏出张灵甫的整编第七十四师，于孟良崮地区的崇山峻岭之中将其全部歼灭。是役，整编第七十四师师长张灵甫、副师长蔡仁杰连同10000多名蒋军官兵被解放军击毙，残余人员全部做了解放军的俘虏。

是非得失张灵甫

张灵甫，原名钟灵，字灵甫，陕西省长安县大东乡大东村人，1903年出生在一个农民家庭。张灵甫的父亲叫张鸿恩，为人憨厚朴实，是位种庄稼的能手；母亲靖秀英，平时料理家务，哺育儿女，农忙时也帮着做些地里的活；哥哥张秀甫，农闲时做点小生意。靖氏身故后，张灵甫的父亲娶滕氏为妻，后来又生了两个男孩。

张灵甫幼年时，和村里其他的孩子们一起在私塾接受启蒙教育，和当时所有上私塾的人一样，读《四书》、《五经》，后来又进入小学念书。1921年，张灵甫以优秀成绩考入西安市的陕西省第一师范学校。在学校读书时，张的国文成绩优良，尤其喜欢学习古文，对旧体诗词有浓厚的兴趣。学习之余，还爱写字画画，经常临摹名家何绍基的字帖。每逢假日，他便带着纸笔墨砚到西安文庙（即现在的西安碑林博物馆）去临摹碑帖。张灵甫学习书法很投入，写得高兴时常常误了吃中饭，这时候他便买一块锅巴或者两个烧饼充饥。除了喜欢国文、书法，张还特别爱好历史，常与志趣相投的同学谈古说今，评论中外。

1925年，张灵甫从师范学校毕业后，不甘心做个教书匠，便与志向相投的几个同学一道赴河南，投入胡景翼部军官训练团。张灵甫入军官学校学习不久，黄埔军校开始在开封秘密招生，他觉得在旧军队不容易出人头地，便想入黄埔军校学习。经朋友介绍，张灵甫考入黄埔军校。同年秋，张同刘志丹等陕西青年到达广州，进入黄埔军校第4期步科班学习。当时，步科班按考生考试成绩，分为军官团和预备军官团，张灵甫因考试成绩不好，编在预备军官团第二连。

张灵甫在校学习期间很努力，深得教官喜爱。1926年10月，张灵甫从黄埔军校毕业，被分配到第一军第二师当见习军官，任一团二营三连三排排长，不久随军北伐。当时盘踞南海铁路的部队是孙传芳所属卢香亭部。该部装备较好，但士气低落。张灵甫所在的二营奉命进攻德安马回岭之敌时，他根据敌强我弱的情况，向上级建议夜间偷袭。建议被营长采纳后，张带领全排充当尖兵，乘黑夜袭击敌人。战斗中，张灵甫指挥全排以极小的代价获得胜利，受到上级青睐，不久被破格提升为二营三连连长。

1928年秋，第一军缩编为陆军第一师时，张灵甫调任该师二旅六团一营二连连长。此后的一段时间里，他带领部队参加了许多战斗。在进攻河南唐生智部的战斗中，张灵甫率部勇猛冲锋，受到上级表彰。1931年，张再次得到晋升，任一师五团三营营长。

1934年，胡宗南调任第一师师长，随后奉蒋介石命令参加"围剿"红军，率部从湖北黄陂追击红四方面军，张灵甫所属营充当前锋。追击中，张灵甫部行动迅速，曾一度与红军发生白刃战。战斗结束时，张受到胡宗南的传令嘉奖，被提升为独立旅一团中校团长。年底，张灵甫所在部队开往川甘边境的陇南碧口驻防，阻止红军北上。不久，又移防川北的广元、昭化一带。次年，独立旅与红四方面军激战一周，双方互有伤亡。作战中，旅长丁德隆指挥的一个团损失殆尽，而张灵甫团基本上没有损失，为此张灵甫再次受到胡宗南的嘉奖。

红军长征到达陕北后，胡宗南奉命"围剿"陕北革命根据地。张灵甫率部追击红一方面军时，不慎从马上摔下来，跌断了腿。张灵甫受伤后将部队交给副官，自己则到西安养伤。当时，胡宗南的第一师驻陕北，许多军官的家眷都住在西安，张灵甫的第二个妻子吴海兰也住在西安。

本来，张灵甫在老家有个妻子，叫邢琼英，是在父母的撮合下成亲的。起初还恩爱过几年，但他发迹之后，便嫌她土气，不像个官太太，特别是在出入社交场合时，觉得带不出去，就学了一回陈世美，让邢氏当了秦香莲。在他的部队驻防广元时，经人介绍，张灵甫与四川姑娘吴海兰结了婚。吴不仅长得漂亮，而且贤惠正派，通情达理。同事们都说张灵甫娶了一位好太太。张灵甫对吴氏也很满意，这次借着回西安养伤，与吴氏度过了幸福的一段时光。但好时光不长，张灵甫伤好后，很快就被胡宗南召回了部队。

张灵甫不冷酷寡情，但却醋味十足。这一点张在同事中是出了名的。在部队驻防广元时，张灵甫就总是对吴氏放心不下。部队移驻陕北后，更是怕相貌出众的吴氏红杏出墙，回到部队后一有机会就询问吴氏的情况。一天，张灵甫见一位同事探亲返回部队，借机问道："你可看见我的太太？"这位同事成心逗他，打趣地说：

"看见啦，在电影院门口，你太太穿着旗袍，身边还有一位小伙子，西装革履的，两人可亲热哩。"

张灵甫当时没说什么，同事也以为他不会相信，闲聊几句就走了。他的同事万没想到，自己的一句玩笑话会事后送了吴氏的命。张灵甫表面上没怎么样，但他是一个遇事非常认真的人，听说妻子不贞，气得一连几天闷闷不乐，脾气变得越来越粗暴，见谁骂谁，认为这是难以容忍的耻辱。但是，直接提出离婚，又怕成为同事们的笑柄。就这样，张灵甫在万分痛苦中过了一段日子，后来终于忍不下去了，便向胡宗南请了假，带着一支手枪回西安。

　　到家后，张灵甫极力克制着自己的感情，对妻子说："我有好长时间没吃过饺子了，你为我包一顿饺子吧！"吴氏见丈夫想吃自己包的饺子，很高兴，爽快地到后院菜地里去割韭菜。张灵甫尾随其后，待妻子蹲下去割韭菜时，拔出手枪，说："你看这是什么？"吴氏见他恶狠狠地拿枪指着自己，吓得直发抖。还没等她弄明白怎么回事，张灵甫的枪就响了。吴氏一头栽倒在地，可怜她到死也不知道自己做错了什么。

　　张枪杀妻子后，既没声张也没有掩埋尸体，而是若无其事地返回了部队。然而，事情终究会有水落石出的时候。后来，张灵甫无辜枪杀妻子的事还是传了出去，吴海兰娘家不是一般的百姓，虽说不上是豪门望族，但也还是有一些势力的。得知吴海兰被杀，哪肯善罢甘休，便向当地法院上诉，但法院不敢对国民党军官怎么样，只是压着状子不办。后来，在各界群众的强烈呼吁下，由西安妇女协会出面，吴海兰娘家再次写出状子，经张学良夫人于凤至转给南京的宋美龄，强烈要求严惩杀害吴海兰的凶手，为妇女界伸张正义。宋美龄拿着信找到蒋介石，蒋看信后很生气，说："娘希匹！不争气！"宋乘机要求蒋处理此事，蒋便电令胡宗南将张灵甫解往南京，监禁法办。

ZHONGWAIZHANZHENGCHUANQICONGSHU

　　胡宗南视张灵甫为心腹干将，不忍他受到严厉的处罚。便代他向老蒋求请，蒋介石只说你先把人给我送来再说。于是，胡宗南既没绑，也没有派人押送，任由张灵甫独自到南京去，意思是让他自己再想想办法。张灵甫不在乎，一路上游山玩水，倒也过得快活。这样走了不到一半路程，带的路费就花光了，囊空如洗。怎么办？南京还是要去的。

　　张灵甫不甘为乞，便效仿古人卖字为生。他自幼习字，从军以后也一直没有歇过笔，因而写得一手好字。他每走一段路就从集镇上买来宣纸写上几幅，走一路，卖一路。还别说，张灵甫一路卖字为生也还过得不错。到南京后，张也想找人求情，但苦于没有什么熟人，便想直接求见蒋介石。蒋介石碍于宋美龄的面子，对张灵甫拒而不见，还令人将其关进了"模范监狱"。胡宗南得知张灵甫被关，帮他在监狱里做了点儿工作。因此，张虽然被关进了监狱，但也没有被当一般犯人看，仍可自由活动，每天除了吃饭、睡觉之外，还可以看看书，练练字。这样关了一年多，也没有进行审理判决。

　　1937年，震惊中外的"卢沟桥事变"发生后，全国抗战呼声日渐高涨，南京国民党政府在中国共产党和全国人民团结抗日的呼声中，不得不打出抗战救国的旗帜。不久，国民党政府下令：所有服刑官兵除"政治犯"外，一律调服军役，戴罪立功，并保留原来军衔。曾任过张灵甫上司的王耀武乘机向蒋介石求情，说："张钟灵这个人作战很有本事，现在抗战需要干部，把他给我吧？"蒋介石本来也不忍心惩办自己这个学生，便说："那就交给你，但要好好教育他，让他重新做人。"这之后，张灵甫便到了王耀武手下，在第七十四军五十一师任上校候差员，登记时将原名张钟灵改为张灵甫。

"八·一三"淞沪会战前夕，张灵甫就任第七十四军五十一师一五三旅三〇五团团长，随王耀武开赴前线，参加上海保卫战。次年，又参加了武汉保卫战，在江西德安阻击日军。7月，日军一〇六师团沿南浔铁路南进，占领德安。9、10月间，王耀武命令第一五一旅旅长唐生海指挥张国献的第三〇二团、张灵甫的第三〇五团、常海德的第三〇六团反攻德安张古山之敌，阻止日军南进。研讨作战方案的会议上，有人认为：张古山地势高峻，位置险要，易守难攻；我方没有重炮，单凭正面仰攻，必然伤亡很大，难于完成任务。张灵甫力排众议，提出仿效《三国演义》中邓艾偷渡阴平进攻西蜀的做法，挑选一批精干将士组成突击队，从张古山之背后突破，实施两面夹攻。他的这一方案最后得到王耀武的赞同。之后，张奉命带领突击队从背后攻击。

战斗开始后，张率领部队攀藤附葛，从人烟绝迹的崎岖峡谷偷渡而上，配合正面进攻部队夹击日军，很快夺取了张古山。日军随后在飞机、重炮掩护下组织反扑，把张古山阵地炸成了一片焦土。张灵甫团与其他部队顽强战斗，白天退却，晚上反攻，与敌人反复争夺了五昼夜。作战中，他腿部受伤，仍坚持指挥战斗，受到官兵们的敬仰。战后，他升任第一五三旅副旅长，不久升为旅长。

1939年，第七十四军奉命入赣作战，参加反攻南昌的战役。当时，春雨连绵，道路泥泞。张灵甫带领第一五三旅官兵一路急行军赶赴江西锦江。途中，他见官兵衣衫尽湿，颇有怨言，便命令部队适当延长休息时间。宿营时，他亲自到各连、排慰问，并拿出自己的薪水交给军需官资助改善部队伙食。官兵们深受感动，加快了行军速度，及时赶到了锦江前线。4月下旬，在第五十一师师长王耀武的统一指挥下，第一五三旅协同各旅、团连克数城，直逼南昌外围。6月，张灵甫任第五十一师步兵旅指挥官，作战中再次表现出良好的指挥才能。1940年，张升任第五十八师副师长。

1941年，在上高会战中，第七十四军作为决战兵团，负责正面防守，张灵甫所在的第五十八师奉军长王耀武的命令牵制日军。张灵甫协助师长廖龄奇指挥作战，命令战士挖陷阱、埋地雷，积极阻止敌人的车辆和重武器移动；组织机枪火网或白刃格斗，对付敌人的步兵冲锋，消耗敌人的有生力量。由于日军飞机、大炮多，攻势凶猛，作战中第五十八师官兵伤亡众多。当第一七二团团长向师部打电话请示后撤时，张灵甫坚决地命令说："哪怕打到最后只剩下你一个人，也必须给我守住阵地！"放下电话，他随即赶赴前沿阵地，帮助出谋划策，与团长一起指挥部队坚守阵地。这次战役，第五十八师以2000多人伤亡的代价，协同第七十四军其他部队在上高县、北下陂桥顶住了敌人的攻势。会战结束后，第七十四军获国民政府授予的"飞虎旗"奖，王耀武、施中诚、张灵甫等也都受到嘉奖。

同年冬，张灵甫升任第五十八师师长。

1943年11月，日军集中近10万兵力，从石首、藕池口、弥陀寺出发进攻常德。张灵甫率五十八师在常德以北阻击来犯之敌。17日拂晓，日军三十四师团佐佐木支队、十三师团等部向扁担垭、赤松山、亚门关发动猛烈攻击。开始时，五十八师官兵面对强敌，心中不免胆怯。针对这种情况，张灵甫召集全师官兵进行动员。他说："我们和日本鬼子作战不仅要斗勇，而且要斗智。日军有强点也有弱点，只要我们多动脑子，就可以打败他们。"战斗开始后，张灵甫亲赴一线指挥作战。经过一昼夜的战斗，日军寸土未进。张灵甫见官兵十分疲劳，便将部队换下来休息。但他没有休息，考虑到日军正面进攻未能得逞，夜晚可能会来"偷营劫寨"，便命令作为预备队的第一七三团调拨一个营埋伏起来，防止敌人袭击。果然，半夜日军的一个联队化装成便衣队，从羊角山左侧迂回袭击过来。这个预先埋伏的营适时攻击，歼灭日军大部。就这样，张灵甫指挥第五十八师阻止了日军一次又一次的进攻，有力地支援了常德的正面防御作战。战后，张灵甫获国民政府授予的四等云麾勋章。

长衡会战展开后，张灵甫率领第五十八师从湘潭公路的青树坪转到衡宝公路，参加衡阳外围战斗，主攻鸡窝山日军据点。1944年7月下旬，他令第一七三团担任侧翼掩护，第一七二团在军山炮连和师迫击炮营的配合下，对敌人施行强攻，占领了鸡窝山。接着，张指挥所部向衡阳进逼，抵达市郊五里牌。这时，守卫衡阳的第十军军长方先觉突然向日寇投降，坚守47天的衡阳终于陷落。但张灵甫作战有功，战后获得了三等宝鼎勋章，不久升任第七十四军副军长。

这年下半年，张灵甫被选拔到陆军大学将官班受训。当时，他是少将级副军长，本来只能进乙级班，因为他在作战中表现突出，蒋介石特批他进入甲级班，成为该班唯一的少将级军官。张灵甫毕业时，抗战已经取得胜利，他又回到了第七十四军。不久，七十四军驻防南京。在这里，张灵甫经人介绍，与女大学生王玉龄结婚。

1946年6月，张灵甫出任第七十四军军长，并兼任南京警备司令。第七十四军配置清一色的美械装备，多次接受美国军事顾问训练，时称为国民党部队"五大主力"之首，宋美龄经常代表蒋介石到该部视察、抚慰官兵。当时，该军驻在孝陵卫，卫戍国民政府所在地南京，被称为"御林军"。国民党整军会议后，七十四军改编为整编第七十四师，尽管编制是由军到师，但实力仍然有 30000 多人，而且装备还得到了新的改善。蒋介石、陈诚都奉其为"国军模范"。部队改编时，蒋介石选"御林军"的统领时，有好几个人艳羡这个肥缺。大家都知道，能被任命为这个师的师长，不但意味着个人实力的增加，而且意味着个人在老蒋心目中地位的提高。因此，竞争十分激烈。当时，对张灵甫威胁最大的是李天霞。李是钱大钧的死党，为得到这个位置，李花费了大量钱财。但是，王耀武、俞济时为控制该师，力保张灵甫任师长。王耀武在老蒋心目中的形象一直不错，俞济时是老蒋的小舅子，说话当然也有些分量，所以最后还是张灵甫胜出了。为此，李天霞一直怀恨在心。

1946 年夏，蒋介石挑起全面内战，向解放区疯狂进攻。张灵甫率整编第七十四师向苏北解放区进攻，连占宿迁、泗阳、淮阴、淮安等城，获三等云麾勋章。当时，张的直接上司是李延年，李吹嘘说："有 10 个七十四师，就可以统一全中国。"王耀武也夸口说："中国军队只有七十四师能战，是我亲手培养起来的。"10 月 19 日，张灵甫又率部进犯涟水，受到华东野战军第六纵队的迎头痛击，损失不小。为挽回面子，张于 12 月 16 日再犯涟水。这一次，由于六纵事先部署兵力不足，蒙受了重大损失。事后，张灵甫以为自己真的是所向无敌了，骄气十足，不可 世。他向蒋介石夸口，誓要让"新四军死无葬身之地"。

1947 年 4 月初，国民党集中 25 万人，组成三个机动兵团，由顾祝同坐镇徐州指挥，沿临沂至泰安一线齐头北进，企图一举摧毁华东野战军主力于沂蒙山区。张灵甫率七十四师在第一兵团司令汤恩伯部编成内北进。张灵甫的七十四师担任主攻任

ZHONGWAIZHANZHENGCHUANQICONGSHU

务，向坦埠进攻，李天霞的整编第八十三师居右，黄百韬的整编第二十五师居左，拟从侧面围击华东野战军主力。

在敌人大军压境、大举进攻面前，华东野战军司令员兼政治委员陈毅和副司令员粟裕等战区指挥员，根据毛泽东的指示，积极调动敌人，创造战机，寻机歼敌。5月，华东野战军以"从百万军中取上将首级"的气魄和胆识，从敌人密集的进攻队形中挖出了张灵甫的整编第七十四师，于孟良崮地区将其全部歼灭，张灵甫被我军战士乱枪击毙。

张灵甫死后，被埋在山东沂水野猪旺村后的山冈上，坟前竖一木牌，上写"张灵甫之墓"。

附录

敌我双方军队战役编成序列表

我军战役编成			敌军战役编成		
华东野战军	攻击集团	第一纵队——第一师、二师、三师、独立师	国民党陆军总部	第一兵团	整编第八十三师、七十四师、六十五师、五十七师、四十八师、二十八师、二十五师，第七军
		第四纵队——第十师、十一师、十二师			
		第六纵队——第十六师、十七师、十八师		第二兵团	整编第八十五师、七十五师、七十二师残部，第五军
		第八纵队——第二十二师、二十三师、二十四师			
		第九纵队——第二十五师、二十六师、二十七师		第三兵团	整编第八十四师、六十四师、二十师、十一师、九师
	阻援集团	第二纵队——第四师、五师、六师		绥靖第一区	第九十六军、七十三军、五十四军、十二军、八军
		第三纵队——第七师、八师、九师			
		第七纵队——第十九师、二十师、二十一师		绥靖第三区	整编第七十七师、五十九师
		第十纵队——第二十八师、二十九师			
	特纵	榴炮团、野炮团		合计	60个旅用于重点进攻山东，以三个兵团、17个整编师（军）43个旅执行机动突击任务。
	合计	共9个纵队27个师和特种兵纵队的2个炮兵团。			

我军战役编成	敌军战役编成
备注	1. 我军攻击集团中的第一、第六、第八纵队均以 1/3～1/2 的兵力担任阻援任务； 2. 蒋军未整编的军同整编后的师，其所属各师与整编后的旅等同。

后 记

　　孟良崮战役已经过去 50 多年了，现在写一部记述当时情况的书，既要符合史实，又要有较强的可读性，自然会有很多困难。当年驰骋沙场的人们大多已经故去，通过采访的方式获取第一手资料显然已经不可能了，唯一可行的办法，就是翻阅战史资料，查看传记和当时的报刊记载。战史中关于战役的记述，虽然具有客观性、真实性的特点，但其内容侧重于对敌我双方经验教训的总结，对过程的重现未免单薄。如果单纯依靠战史资料写出来，很难满足图书可读性的要求。传记中的记述多是参与其中的人的一些所见所思，其中虽然有些可读性较强的逸闻趣事，但于战役全局的记载则不足，而且，由于是事后根据个人记忆写出来的，有些还是后人写的，难保不与史实有出入；报刊记载中因为涉及当时的保密要求，对一些部队的行动完全隐去了其番号，现在已经很难判别出所记的事情是哪支部队在具体什么位置发生的。也就是说，从图书写作的需要看，现在所能找到的资料基本上都是支离破碎的。为了使全书可读性和史实性都比较好，只能尽量多地占有资料，从比较中鉴别筛选，将零碎的资料按史实中的最大可能拼接起来，不足的地方给予弥补。这本图书就是这样写出来的。

在写作过程中，为查证史实，参阅的资料很多、很杂，由于种种原因不可能和作者一一联系；全书成稿后，承蒙林仁华、张辉灿两位丛书主编进行了认真的审阅，并提出了非常中肯的修改意见，在此一并谨致谢意。

由于水平所限，书中难免会有不足之处，有些甚至还会有错误，恳请读者批评指正。

作　者

2002 年 5 月 23 日

孟良崮战役前敌我态势要图

(1947 年 5 月 12 日)

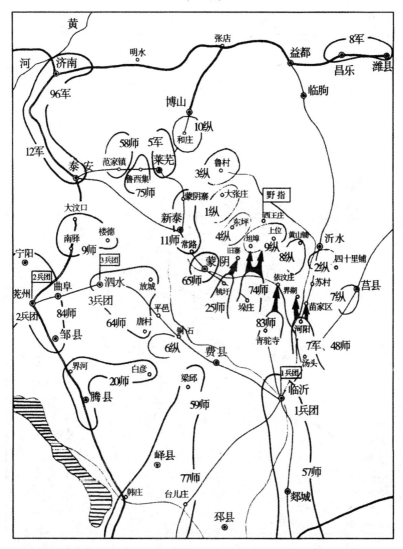

注：部队编号在文中用汉字数字，在此图中，因图位有限，均使用阿拉伯数字

ZHONGWAIZHANZHENGCHUANQICONGSHU

孟良崮战役经过要图

(1947年5月13日—16日)

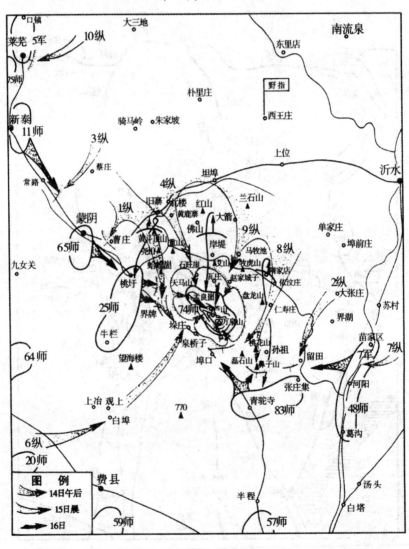